위대하고 아름다운 십대 이야기

위대하고
아름다운
십 대 이야기

박일환 지음

청어람e))

차례

위대하면서
아름다운
십 대들의 삶

청소년은 미래의 주역이라는 말이 있습니다. 그런데 이런 말은 언뜻 들으면 그럴듯하지만, 가만히 생각해 보면 조금 이상한 느낌이 들기도 합니다. 청소년도 엄연히 현재를 살아가는 존재들이기 때문입니다. 미래의 주역이라는 말은 현재는 오로지 준비하며 기다리는 시간으로 삼아야 한다는 말과 통하니까요. 이 말은 다시 청소년들은 공부만 열심히 하면 된다는 말로 이어지기도 합니다. 물론 공부를 하면서 실력을 쌓고, 그런 가운데 꿈을 가꾸고 키우는 것도 중요합니다. 하지만 현재 우리 사회가 혹은 세계 전체가 안고 있는 문제들은 나이가 어리다고 봐주거나 피해 가는 법이 없습니다. 그렇다면 어떻게 해야 할까요?

이 책은 주어진 현실을 회피하지 않고 당당히 맞서며 자신의 삶을 밀고 나간 세계 여러 나라 십 대 청소년들의 이야기를 담았습니다. 보통의 청소년들과는 다른 특별한 삶을 살았다고 할 수 있는 친구들인데요. 하지만 그들도 여러분과 같은 십 대 청소년들임은 분명합니다. 그럼에도 이 책에서 소개하고 있는 십 대들이 특별한 삶을 살았다면, 무엇이 그들을 그런 삶으로 이끌었을까요? 자신을 둘러싸고 있는 현실이 그렇게 몰아갔을 수도 있지만, 핵심은 그런 현실을 외면하지 않았다는 겁니다. 스스로 감당할 수 있느냐 없느냐를 따지기 전에 먼저 자신의 삶으로 받아안았다는 것이지요.

모든 사람이 위대한 삶을 살 수는 없습니다. 또한, 모든 십 대가 이 책에 나오는 십 대들처럼 행동할 수도 없겠지요. 그런데도 이 책의 주인공들을 기억해야 하는 건 그들이 우리에게 건네고 싶은 말이 있기 때문일 거라고 믿습니다. 그 말은 내 삶의 주인공은 어른도 아니고, 부모님도 아니고, 내 이웃이나 친구도 아니고, 오로지 나 자신이어야 한다는 뜻이 아닐까요? 그건 큰 일을 하건 작은 일을 하건 스스로 자신의 삶을 가꿔가야 한다는 말과 다르지 않을 겁니다.

역사에 뚜렷한 흔적을 남긴 십 대들은 생각보다 많습니다. 조국을 침략한 영국군에 맞서 프랑스를 지켜낸 잔 다르크, 3·1운동 때 만세 시위에 앞장서다 옥중에서 고문을 받고 숨진 유관순, 제2차 세계대전 당시 나치의 탄압을 피해 숨어 살면서도 아름답고 생생한 일기를 남긴 안네 프랑크 같은 경우를 쉽게 떠올릴 수 있습니다. 이 책에서는 가능하면 그렇게 많이 알려진 인물보다 비교적 사람들에게 덜 알려진 인물들을 소개하려고 했습니다. 오래전 인물보다 현재를 살고 있거나 가까운 시대의 인물을 더 많이 넣으려고도 했고요. 그랬을 때 독자 여러분이 책 속의 인물들에게 좀 더 가까이 다가갈 수 있을 거라고 판단했기 때문입니다.

이제 여러분이 직접 책 속의 주인공들을 만나볼 차례입니다. 위대한 삶은 아름다운 삶이기도 하다는 사실을 느껴가며 읽을 수 있기를 바랍니다.

박일환 씀

1

그레타 툰베리

아름다운 실천으로 기후 위기에 저항하다

"지구 전체의 생태계가
무너지고 대규모 멸종의 시간이
다가오고 있는데,
당신들은 오로지 돈과
영구적인 경제성장이라는 말만
늘어놓고 있습니다."

트럼프와 맞선 소녀

여러분이 지금 유엔(UN) 본부에 초대를 받아 연설을 하게 된다면 어떤 내용을 담은 연설문을 작성하고 싶은가요? 전 세계 사람들을 향해 외치고 싶은 말이 있다면 무엇일지 한번 생각해 보세요. 세상이 두 쪽 나도 그럴 일 자체가 없을 텐데 귀찮게 왜 그런 생각을 해야 하냐고요? 여기 실제로 유엔 본부에 가서 전 세계 지도자들을 향해 당찬 연설을 한 십 대 소녀가 있거든요. 이름은 그레타 툰베리, 스웨덴 출신의 환경운동가로 세계인들의 주목을 받고 있는 중입니다.

2019년 9월 23일, 툰베리는 미국 뉴욕의 유엔 본부에서 열린 유엔 기후행동 정상회의에 참석해 이렇게 말했습니다.

"This is all wrong." (이 모든 게 잘못되었어요.)

"How dare you?" (당신들이 감히 어떻게 그럴 수 있어요?)

왜 이런 표현들을 사용하게 되었는지 좀 더 자세히 알아봐야겠군요.

"지구 전체의 생태계가 무너지고 대규모 멸종의 시간이 다가오고 있는데, 당신들은 오로지 돈과 영구적인 경제성장이라는 말만 늘어놓고 있습니다."

"당신들이 정말로 상황을 이해했으면서도 여전히 행동하는 데 실패한다면 그건 당신들이 사악하기 때문입니다."

그러면서 이런 말도 했습니다.

"당신들은 우리를 실망시켰고, 앞으로도 계속 우리를 실망시킨다면 우리는 결코 당신들을 용서하지 않을 겁니다."

여기서 말한 당신들이란 세계 여러 나라의 정상급 지도자들을 가리키는 건데요. 세계 지도자들을 향해 이토록 거침없는 발언을 할 수 있다는 건 정말 대단한 일이지 않나요?

툰베리의 연설이 끝난 다음 미국의 트럼프 대통령이 트위터에 이런 문구를 올렸습니다.

"그녀는 밝고 멋진 미래를 바라는 매우 행복한 소녀처럼 보인다. (그런 모습을) 보게 되어 너무 좋다."

겉으로는 툰베리를 칭찬하는 것처럼 보이지만, 그 안에 담긴 내용은 환경운동가로서 기성세대를 꾸짖는 당찬 모습이 아니라 아직 세상 물정을 모르는 순진한 소녀 정도로 깎아내리려는 의도가 담긴 말이었습니다. 이런 트럼프의 트위터 내용에 대해 툰베리는 어떻게 응수했을까요? 트위터 내용을 본 툰베리는 자신이 사용하는 트위터에 자기 소개 내용을 이렇게 바꿨습니다. "밝고 멋진 미래를 바라는 매우 행복한 소녀."

직설적인 반박 대신 트럼프 대통령이 사용한 문구를 그대로 가져와서 여유 있게 되받아친 겁니다. 당신이 하는 말에는 신경 쓰지 않겠다, 당신이 뭐라고 하든 나는 내 갈 길을 가겠다는 마음을 슬쩍 돌려서 표현한 거죠.

트럼프 대통령은 세계 지도자들 가운데 기후 문제 해결에 대해 가장 반대하는 편에 서 있습니다. 대통령에 취임한 뒤 파리기후협약에서 탈퇴했고, 자동차 배기가스 배출 등을 규제하는 것에도 반대하는 입장을 보이고 있거든요. 트럼프 대통령은 툰베리가 참석한 유엔 기후행동 정상회의장에 15분가량 머물렀는데, 툰베리가 한 연설을 듣지도 않았습니다. 우연히 마주친 툰베리가 트럼프 대통령을 쏘아보는 듯한 장면이 담긴 사진이 전 세계 언론을 통해 보도되기도 했고요.

- -

학교를 벗어나 국회의사당으로 향하다

툰베리가 어떤 인물이고, 어떻게 해서 유엔 본부까지 가서 연설을 하게 됐는지 알아볼까요? 툰베리는 2003년 1월 3일 스웨덴에서 연극배우인 아버지와 오페라 가수인 어머니 사이에서 태어났습니다. 툰베리는 아스퍼거 증후군을 지니고 있다고 하는데요. 아스퍼거 증후군은 사회성이 떨어지고 대인관계에 어려움을 겪는 한편 자신의 관심 분야에만 몰두하는 경향이 있다고 합니다. 툰베리는 이런 상태를 걱정하기보다는 그로 인해 오히려 남들이 보지 못하는 걸 보는 능력이 있다면서 긍정적으로 생각하고 있다는군요.

툰베리가 지구 온난화와 기후 문제에 관심을 갖게 된 게 여덟 살 때부터라고 하니 보통의 청소년들과는 다른 특별한 존재인 건 분명합니다. 툰베리는 어느 날 수업시간에 해양 오염 문제를 다룬 영화를 보게 되었는데요. 태평양 남쪽에 멕시코보다도 커다란 쓰레기더미가 섬을 이룬 채 떠다니는 걸 보고 충격을 받아 눈물을 터뜨렸습니다. 그때부터 환경 문제에 대해 심각한 고민을 시작하게 되었다고 말합니다. 그 뒤로 친구나 어른들에게 계속 환경 문제의 심각성을 이야기했지만, 대부분 어린아이가 그냥 하는 말이라며 별로 귀담아듣지 않았습니다. 그래서 몇 년 동안 심각한 우울증을 앓았을 정도라고 합니다. 그 무렵에 툰베리의 상태가 심각하다는 걸 알게 된 아버지와 어머니는 툰베리와 함께 환경과 기후 문제에 대해 서로 토론하며 본격적인 공부를 했습니다. 그런 공부가 쌓이면서 집에 태양광을 설치하고 식구들은 육식 대신 채식을 하기 시작했고요.

툰베리는 2018년 5월, 스웨덴의 한 지역 신문이 주최한 기후 변화 에세이 대회에서 환경 오염에 대한 기사로 '가장 가치 있는 기사 상'을 받았습니다. 툰베리가 자신의 목소리를 바깥으로 내보내기 시작한 건데요. 툰베리가 본격적으로 사람들의 주목을 끌기 시작한 건 2018년 8월부터 스웨덴 국회의사당 앞에서 1인시위를 시작하면서부터입니다. 매주 금요일마다 학교 대신 의사당 앞으로 와서 기후 변화의 위기를 막기 위한 대책을 마련하라고 촉구했거든요. 학교 교육은 이런 문제를 해결하는 데 아무런 도움이 되지 않기 때문에, 실질적인 문제 해결을 위해 의사당 앞으로 올 수밖에 없었다는 게 툰베리의 입장이었습니다. 지금 당장 눈앞에 닥쳐온 지구의 위기가 보이는데 얌전히 교실에만 앉아 있을 수 없다는 거였지요.

스웨덴은 방학이 8월이면 끝나는데, 개학을 한 뒤 툰베리는 매주 금요일마다 의사당 앞으로 가서 오전 8시 30분부터 오후 3시까지 '기후를 위한 학교 파업'이라고 적힌 피켓을 들었습니다. 사람들에게 기후 변화의 위기를 알리는 유인물을 나눠주기도 했고요. 처음에는 웬 소녀가 저런 일을 하나 싶은 눈길로 바라보던 시민들이 툰베리의 행동이 두 번째, 세 번째 거듭되면서 서서히 관심을 갖기 시작했고, 제 발로 찾아오는 사람들이 생겼습니다. 툰베리는 SNS에 사진을 올리면서 다른 이들의 동참을 유도했고, 나중에는 의사당 앞이 좁을 정도로 많은 시민과 학생들이 모였습니다.

- -

세계로 퍼져나간 툰베리의 호소

2019년이 되면서 툰베리의 호소에 공감한 세계 각국의 청소년들이 거리로 나서기 시작합니다. 2019년 3월에는 약 120개 나라에서 중고생을 포함한 청년들이 대규모 시위를 벌였습니다. 유엔 기후행동 정상회의를 앞두고는 세계 150여 개 나라에서 약 400만 명의 시위대가 기후 변화 대책을 촉구하는 시위에 참여했고요. 우리나라에서도 이런 흐름에 동참해서 환경·인권·청소년 등 시민사회단체 330곳으로 꾸려진 모임인 '기후위기 비상행동' 주최로 9월 21일에 대학로를 비롯해 전국 곳곳에서 긴급 집회를 가졌습니다. 집회에 참여한 사람들은 한목소리로 이렇게 외쳤습니다.

"내일은 없다! 기후 위기의 진실을 직시하라."
"기후 위기 지금 당장 행동하라!"

툰베리의 외침이 대한민국 환경운동가들을 비롯해 청소년들의 마음까지 움직이기 시작한 겁니다. 툰베리가 처음에 스웨덴 국회의사당 앞에서 혼자 피켓을 들기 시작했을 때 지금과 같은 결과를 가져올 거라고는 아무도 생각하지 못했습니다. 다른 많은 사람도 그동안 기후 변화 문제가 매우 심각하다는 걸 느끼고 있었을 겁니다. 다만 누구도 툰베리처럼 앞장서서 그 문제를 지구와 인류의 생존 문제로 끌어올리며 사람들의 마음속으로 파고들 생각을 못 했을 따름이지요. 그런 면에서 툰베리의 행동은 세계 환경운동사에 새로운 역사를 쓰는 선구적인 역할을 했다고 볼 수 있습니다.

툰베리는 유엔 본부에 가기 전에 이미 2018년 폴란드에서 열린 기후

프랑스 스트라스부르에서 열린 유럽연합 회의에서 연설하는 툰베리

변화협약 총회에 참석했고, 2019년 2월에는 유럽연합 회의에 가서 연설을 했습니다. 프랑스와 독일 등 5개국의 기후 위기 대응책이 미흡하다면서 유엔에 제소하기도 했고요. 그런 활동들이 쌓여 유엔 본부까지 가게 된 겁니다.

  툰베리가 주장하는 기후 문제는 어떤 상태를 말하는 걸까요? 얼마나 심각한 상태에 도달했기에 지금 당장 긴급 행동에 돌입해야 한다고 말하는 걸까요? 툰베리가 주장하는 것의 핵심은 탄소 배출량을 획기적으로 줄이지 않는다면 지구 온난화가 급속히 진행되면서 인류가 멸종하는 단계까지 갈 수 있다는 건데요. 그래서 최근에는 '기후 변화'라는 말 대신 '기후 위기'라는 말을 쓰고 있기도 합니다.

세계기상기구와 유엔환경계획이 1988년에 공동 설립한 IPCC라는 국제기구가 있습니다. 기후 변화에 대한 과학적인 규명을 토대로 그에 따른 영향과 대응 정책에 관한 보고서를 펴내는 걸 목적으로 하는 기구인데요. 2018년 8월, 인천 송도에서 열린 제48차 IPCC 총회에서 회원국의 만장일치로 'IPCC 1.5도 특별보고서'를 채택하여 승인했습니다. 이 보고서에 따르면 산업혁명 이후 지금까지 지구 평균 온도가 약 1도 정도 올랐다고 합니다. 이 상태로 가면 머잖아 2도까지 상승하게 되는데, 그렇게 되면 지구의 생태계가 완전히 파괴되기 때문에 최소한 1.5도 상승에서 멈추도록 해야 한답니다. 그러기 위해서는 탄소 배출량을 줄여야 하는데요. 현재와 같은 양으로 탄소를 배출하게 되면 2030년에서 2052년 사이에 1.5도 상승을 넘어서게 된다고 합니다. 그렇게 되기 전에 막아야 하잖아요. 툰베리가 경고하는 게 바로 지구 기온 1.5도 상승에서 멈추도록 해야 한다는 겁니다. 인류가 배출하는 탄소량과 지구가 스스로의 힘으로 정화시킬 수 있는 양을 맞추는 것, 그렇게 해서 탄소가 더 이상 늘어나지 않는 '탄소 제로' 상황을 만들어야 한다는 거죠.

요트를 타고 대서양을 건너다

툰베리가 유명해지게 된 또 하나의 계기는 영국에서 미국에 있는 유엔 본부까지 갈 때 비행기를 이용하지 않고 친환경 요트를 타고 대서양을

요트를 타고 15일 만에 뉴욕항에 도착한 툰베리

횡단한 건데요. 비행기를 타면 이산화탄소가 많이 배출되기 때문에 태양광 패널과 수중 터빈으로 전기를 생산해서 탄소 배출 없이 운항되는 요트를 이용한 겁니다. 요트에는 화장실이나 샤워 시설이 없어 불편한 데다, 거친 파도가 이는 망망대해를 작은 요트로 헤쳐 가야 하니 무척 위험하고 힘든 여정이 될 수밖에 없습니다. 두렵기도 했을 거고요. 열여섯 살 소녀가 작은 요트를 타고 대서양을 횡단할 생각을 한다는 것 자체가 보통 용기로는 힘든 일입니다.

보름 만에 무사히 뉴욕 맨해튼 앞바다에 도착하자 툰베리를 마중 나와 있던 수많은 사람이 환호성을 질렀습니다. 요트에서 내린 툰베리는 그 직전에 아마존 열대우림에서 발생한 화재를 언급하며, "우리가 자연을 파괴하는 일을 멈춰야 한다는 분명한 메시지"라고 말했습니다. 툰베리에게 지구와 자연을 지키는 일만큼 중요한 관심사는 없다는 걸 알게 해주는 발언이었습니다.

　뉴욕에서 유엔 본부 연설을 마친 툰베리는 칠레로 갈 예정이었는데요. 하지만 칠레에서 대규모 시위가 일어나는 바람에 다시 요트를 타고 대서양을 건너 19일의 항해 끝에 포르투갈 리스본에 도착했습니다. 거기서 다시 스페인의 마드리드로 이동했고요. 칠레에서 열기로 한 기후변화협약 당사국 총회 25차 회의 장소가 마드리드로 변경됐기 때문입니다. 마드리드에 가서도 툰베리는 권력자들이 여전히 기후 위기를 무시하고 있다며 기후 변화를 위한 행동에 즉각 나서줄 것을 촉구했습니다.

　2019년에 펼친 활동으로 인해 툰베리는 미국 〈타임〉지가 선정한 '올해의 인물'에 뽑혔습니다. 선정 이유를 밝힌 기사에서 "툰베리에게도 기후 변화를 막을 수 있는 마술 같은 해결책은 없다"라고 하면서 "그럼에도 전 세계 사람들의 태도 변화를 이끄는 데 성공하며 많은 사람의 불안한 심리를 긴급한 변화를 촉구하는 운동으로 변화시켰다"라고 했습니다. 〈타임〉지뿐만 아니라 세계적인 과학 전문 학술지인 〈네이처〉에서도 '2019년 과학계 주요 인물 10인' 안에 툰베리를 포함시켰습니다. 〈네이처〉가 10대 청소년을 뽑은 건 툰베리가 처음이라고 합니다. 그뿐만 아니라 노벨평화상 후보로도 올랐는데요. 툰베리의 활동이 얼마나 세계인들에게 깊은 인상을 주었는지 알 수 있는 일입니다.

　그렇다고 툰베리에게 좋은 일만 있었던 건 아닙니다. 세계 각국 정상들에게 젊은 세대의 미래를 빼앗고 있다면서 거침없는 비판을 할 때, 그들이 툰베리의 말을 듣고 반성을 했을까요? 대부분 그러지 않았습니다. 앞서 트럼프 대통령의 예를 들었지만, 프랑스의 마크롱 대통령도 툰베리의 주장이 현실성이 없는 급진적인 주장이라며 비판했습니다. 러시아의 푸틴 대통령은 세계가 얼마나 복잡한지 모르는 소녀라며 비꼬는 말을 건넸고요. 심지어 브라질의 자이르 보우소나루 대통령은 툰베리를 향해 꼬맹이라고 부를 정도였습니다.

탄소 배출량을 줄이려면 정부의 역할이 매우 중요합니다. 매연과 미세먼지의 주범인 석탄과 석유 같은 화석연료 사용을 줄이는 동시에 공장이나 자동차에서 발생하는 탄소 배출량을 규제하는 강력한 법을 만들어서 시행해야 하거든요. 그러자면 지금까지 유지해온 산업 방식에서 벗어나야 하는데, 기존의 구조를 바꾸려면 돈이 많이 듭니다. 기업가들은 당장 눈앞에 보이는 이윤이 우선이기 때문에 반대하고, 정치인들은 그런 기업가들의 눈치를 보기 마련입니다. 인류의 미래보다는 경제발전이나 성장에 더 중점을 두는 사고방식이 문제 해결의 걸림돌로 작용하고 있는 셈입니다.

대규모 공장식 축산업도 심각한 문제를 안고 있습니다. 수많은 동물이 좁은 공간에서 한꺼번에 쏟아내는 오물에서 발생하는 이산화탄소의 양이 어마어마하거든요. 이 모든 것을 해결하려면 결국 우리가 누리고 있는 문명의 편리함을 어느 정도 포기하는 동시에 삶의 방식과 의식을

바꿔야만 합니다. 그게 쉽지 않다 보니 근본적인 변화를 추구하기보다
는 기술의 발전을 통해 기후 위기를 극복할 수 있다고 주장하는 학자들
도 있습니다. 탄소를 줄이는 공법을 연구해서 산업 기술에 적용하면 된
다는 건데요. 기후 위기는 인류의 기술로 얼마든지 극복할 수 있으며,
당장 급한 게 아니라고 말합니다.

　툰베리가 주장하는 내용이 실제 위기보다 과장됐을 가능성도 있을
겁니다. 하지만 많은 과학자가 기후 변화의 위기를 심각하게 받아들여
야 한다고 주장하는 것도 사실이고, 우리가 직접 지구 온난화 현상의
피해를 경험하고 있는 게 현실입니다. 남태평양에 투발루라는 작은 섬
나라가 있는데요. 해수면이 조금씩 높아지는 바람에 몇십 년 후에는 바
닷물에 완전히 잠기고 말 거라는 예측을 하고 있습니다. 그 정도는 아
니라도 지구 곳곳에서 이상기온 현상이 자주 나타나는 걸 현실로 목격
하고 있습니다. 2019년과 2020년에 걸쳐 6개월 동안 호주를 휩쓸었던
산불도 기후 위기에서 비롯됐다는 게 대다수 학자의 진단이니까요.

　툰베리에 대해 각 나라의 지도자들이 곱지 않은 시선을 보내는 건 그
래도 나은 편입니다. 과학에 무지한 어린 소녀가 헛소리를 한다며 비난
하는 사람들도 있고, 심지어 테러를 하겠다는 사람들도 있다고 할 정도
입니다. 그래서 툰베리가 장거리 이동을 할 때는 경찰에 신변 보호를 요
청해야 한답니다. 심지어 툰베리가 아스퍼거 증후군을 지니고 있다는
사실을 들어 정신병자라고 몰아붙이는 사람들도 있다고 하니, 툰베리

가 얻은 명성 못지않게 유명인으로 겪어야 하는 불편과 불안함이 얼마나 클까요?

멈추지 않는 툰베리의 발걸음

툰베리도 남들과 똑같이 어린 소녀고, 평범하게 학교생활을 하고 싶었을 겁니다. 하지만 자신이 해야 할 일이 있다고 믿었기에 어려운 길을 가고 있는 게 아닐까요? 툰베리의 아버지는 이렇게 말했습니다.

"당신들은 내 딸이 특별하다고 생각하겠지만 남들과 다를 바 없이 평범한 아이랍니다. 내 딸은 평상시에 춤도 출 줄 알고, 많이 웃으면서 우리 가족과 함께 즐겁게 잘살고 있어요. 그러면서도 남들의 비난에 대해 믿을 수 없을 정도로 잘 대처하고 있어요. 늘 웃어넘기면서 이런 상황이 재미있다고 생각하는 것 같아요."

담대함과 여유로움, 그게 툰베리를 지켜주고 여기까지 이끌어온 힘일 겁니다. 툰베리의 주장이 비현실적이라고 하는 사람들도 기후 위기가 심각하다는 사실 자체를 부정하지는 않습니다. 그래서 나라마다 탄소 배출량을 줄이면서 재생 에너지 활용을 위한 노력을 하고 있고, 유엔이나 기후 문제를 다루는 국제기구에서 계속 위험성을 경고하고 있습니다. 하지만 여전히 대책은 미흡한 편이고, 우리나라도 탄소 배출량을 줄이기 위한 정책 수립에 소극적이라는 평가를 받고 있습니다.

이런 상황 속에서 툰베리 개인에게만 계속 무거운 짐을 지게 할 수는 없습니다. 개인의 실천과 함께 더 많은 사람의 목소리를 모아 세계 각국의 지도자들에게 압력을 넣어야 합니다. 상황을 변화시킬 수 있는 건 기다림이 아니라 실천이라는 사실을 다시 한번 생각해 볼 필요가 있지 않을까요? 그런 측면에서 보았을 때 기후 위기의 심각성을 느끼는 세계 시민과 청소년들이 늘어나고 있다는 게 중요한데요. 특히 젊은 세대들이 미래의 지구를 지키기 위한 행동의 주체로 나설 수 있도록 한 건 툰베리가 있었기 때문입니다. 지금도 툰베리는 기후 변화의 위험성을 알리면서 세계 지도자들이 기후 위기에 적극적으로 나설 것을 주문하고 있습니다. 트럼프도, 푸틴도, 마크롱도 무시할 수 없는 툰베리의 씩씩한 발걸음이 세계를 변화시키고 있는 중입니다.

2
조슈아 웡

홍콩의 민주화를 위해 우산 혁명을 이끌다

"어떤 희생을 치르든
우리는 이 문제를 다음 세대에
넘길 수 없습니다.
우리 세대가 우리의 임무를
완수해야 합니다!"

홍콩의 송환법 반대 시위

홍콩은 우리나라 사람들은 물론 세계인들이 많이 찾는 국제도시이자 관광도시입니다. 금융과 무역의 중심지이기도 하고요. 무협과 액션을 중심으로 한 영화로도 유명해서 성룡, 주윤발, 유덕화, 장국영 같은 홍콩 스타들은 우리나라에서도 많은 인기를 끌었습니다.

그런 홍콩이 2019년 내내 대규모 시위로 몸살을 앓았습니다. 시위대가 많이 모일 때는 한꺼번에 200만 명에 이르기도 했는데, 홍콩 전체 인구가 700만 명이 조금 넘는 규모라는 걸 생각하면 얼마나 많은 사람이 거리로 나왔는지 알 수 있습니다.

홍콩 시위의 출발점이 된 건 홍콩 정부가 추진한 〈범죄인 인도 법안〉 줄여서 송환법이라고 하는 법률 때문인데요. 송환법은 범죄인 인도 조약을 체결하지 않은 나라에도 범죄인을 넘겨줄 수 있도록 하는 법안입니다. 국가별로 범죄인 인도 조약을 체결해서 시행하는 경우가 많습니다. 우리나라 사람이 범죄를 저지르고 외국으로 도망가면 잡아 들이기가 쉽지 않잖아요. 그럴 때 도망간 나라에 협조를 요청해서 범죄인을 잡아서 넘겨달라고 하면 그 나라에서 협조해주도록 하는 겁니다. 범죄를 저질렀으면 마땅히 처벌을 받아야 하는데 외국으로 도망가서 안전하게 지내면 정의를 바로잡을 길이 없습니다. 그런데 왜 홍콩 시민들은 이런 법안을 만드는 걸 반대하고 나섰을까요? 그건 송환법을 적용하는 나라 중에 중국이 포함되어 있기 때문입니다. 홍콩 시민들은 송환법이 통과되면 중국 정부에 반대하는 인권운동가나 언론인들이 강제로 중국에 넘겨질 수 있다는 걸 걱정하고 있거든요. 송환법이 없을 때도 중국 정부에 미움을 산 사람들이 실종되거나 중국으로 납치당하듯 끌려간 적이 있기 때문입니다.

평화적인 방법으로 시작된 시위는 점차 격렬해지기 시작했습니다. 홍콩 정부는 송환법을 철회하라는 시위대의 요구를 받아들이지 않았고, 경찰은 최루탄과 고무총을 쏘며 시위대를 해산시키는 데만 몰두했습니다. 시위대와 경찰의 대립이 심해지면서 경찰이 폭력을 사용하는 방법도 점점 강경해졌고요. 전철역 안까지 들어와 시위대를 곤봉으로 내리쳐서 끌고 가는가 하면 심지어 바로 눈앞에서 시위대 학생에게 총을 쏘는 일까지 생겼습니다. 그러다 보니 시위에 참여하는 청년들은 유서를 써놓고 시위에 나가야 할 정도였습니다. 끈질긴 홍콩 시민들의 요구에 따라 결국 홍콩 정부가 송환법을 철회하겠다는 발표를 했지만, 여전히 문제는 남아 있습니다. 홍콩 정부를 이끄는 대표자인 행정장관 직선제 선출 등의 요구를 받아들이지 않고 있거든요.

　홍콩 시위를 이끄는 지도자 중의 한 명이 조슈아 웡이라는 청년인데요. 이번 홍콩 시위보다 앞서 있었던 2014년의 우산 혁명을 이끌어서 세계인의 주목을 받았지요. 지금은 이십 대 청년이 되었지만 그때만 해도 아직 십 대 소년 시절이었습니다.

- - - - - - - - - - - - - - - - - -

홍콩의 불행한 역사

조슈아 웡을 소개하기 전에 홍콩의 역사를 잠시 살펴볼 필요가 있습니다.
　홍콩은 100년 넘게 영국의 지배 아래 있었습니다. 본래 중국 땅이었으나 영국이 무력으로 중국을 침략해서 홍콩 지역을 차지하게 된 거죠. 제2차 세계대전 때 몇 년간 일본이 홍콩을 점령해서 지배한 적이 있으나 전쟁이 끝난 후에 다시 영국의 손에 넘어갔습니다. 홍콩이 제국주의 세력의 희생양이 된 셈인데요. 그러다 보니 중국은 홍콩을 자신들에게 넘기라고 줄곧 요구했습니다. 중국 입장에서는 본래 자신들의 땅이었으니 당연한 권리를 내세운 겁니다. 결국 오랜 협상 끝에 1997년에 홍콩을 중국에게 반환하기로 합의했고, 실제로 그렇게 됐습니다.

　현재 홍콩은 중국 영토에 속하는 홍콩특별행정구로 불리고 있습니다. 행정장관이 홍콩을 이끌어가는 대표자 역할을 하고 있고요. 홍콩이 그냥 지방자치단체가 아니라 특별행정구가 된 건 홍콩이 지닌 특수성 때문인데요. 중국이 사회주의 국가인 데 반해 홍콩은 오랫동안 영국이 지배하는 과정에서 자본주의 체제를 유지해 왔습니다. 그뿐만 아니라 중국이 공산당을 중심으로 하는 일당 독재체제라면 홍콩 사람들은 서양식 민주주의 방식에 익숙해져 있는 상태이고요. 그런 상황에서 곧바로 홍콩을 중국식 체제에 맞추려고 하면 어떻게 될까요? 많은 부작용이 생기는 게 당연할 겁니다. 그래서 나온 게 '일국양제'라는 건데요. 하나의 나라에 서로 다른 두 개의 체제를 인정하면서 가자는 걸 뜻하는 말입니다. 그렇다고 해서 영원히 두 개의 체제로 갈 수는 없으니 서로 융합할 수 있는 시간을 가지면서 천천히 하나의 나라로 합치기로 했고, 그 기한을 50년으로 잡았습니다. 그래서 홍콩과 중국이 온전히 하나의 나라로 되는 건 2047년이 되는 거죠. 그동안은 홍콩의 자치권을 인정해 주기로 한 거고요.

　하지만 완전한 자치권은 처음부터 불가능했습니다. 중국은 홍콩도 이제 엄연한 중국 땅이니까 중앙정부에서 어느 정도 통제를 해야 한다는 생각을 갖고 있었거든요. 그렇기 때문에 홍콩을 다스리는 역할을 맡게 될 행정장관은 자신들이 임명하는 게 당연하다고 여겼고, 반

면에 홍콩 사람들은 자신들의 손으로 대표를 뽑고 싶어 했습니다. 그렇게 서로 삐걱거릴 수밖에 없는 상태에서 일국양제의 실험이 시작됐고, 그런 모순이 계속 충돌하면서 지금까지 해결하기 힘든 갈등을 낳게 된 겁니다. 불행의 씨앗은 애초에 제국주의 국가인 영국이 홍콩을 식민지로 삼으면서 뿌렸는데, 고통은 홍콩 사람들이 겪고 있습니다.

- - - - - - - - - - - - - - - - - - -

조슈아 웡과 학민사조

조슈아 웡은 1996년 10월 13일에 기독교 계통인 루터교를 믿는 집안에서 태어났습니다. 중국식 이름으로는 황지펑(黃之鋒)이라고 합니다. 홍콩 사람 중에는 영국의 영향을 받아 영어식 이름을 가진 사람이 많습니다. 1997년에 홍콩이 중국에 반환되었으니 그 직전에 태어난 거죠. 그래서 조슈아 웡은 줄곧 일국양제라는 과도기 체제 안에서 살아온 셈입니다.

조슈아 웡이 처음 사회 문제에 참여한 건 2010년에 있었던 중국-홍콩 고속철도 연결 반대 시위 때부터입니다. 중국이 고속철도를 건설하면서 광둥성(廣東省)의 광저우(廣州)까지 연결된 노선을 선전(深圳)을 거쳐 홍콩까지 연장하겠다는 계획을 발표했습니다. 그러자 홍콩 시민들이 고속철도 연장 반대 운동을 펼쳤는데요. 이유는 세 가지였습니다.

첫째, 홍콩 구간은 26킬로미터에 불과한데 건설 비용은 약 9조 7천억 원 정도로 너무 비싸다는 겁니다. 홍콩 시민들이 지나친 건설비 부담을 떠안게 된다는 거죠.

둘째, 홍콩 중심부까지 고속철도가 들어오면 환경 파괴뿐만 아니라 소음 공해에 시달리게 된다는 거고요.

셋째, 고속철도 노선이 지나가는 지역에 사는 주민들의 이주 대책이 미흡하다는 거였습니다.

이런 세 가지 이유를 들어 반대 운동을 펼쳤지만 국회 역할을 하는 홍콩 입법회에서 건설 계획을 통과시켰습니다. 중국의 입장을 대변하는 친중파 의원들이 입법회를 장악하고 있는 데다, 고속철도가 개통되면 중국 본토까지 빠른 시간 안에 갈 수 있다는 이점 때문에 찬성하는 사람들도 많았기 때문입니다.

조슈아 웡은 우리 나이로 열다섯 어린 나이에 고속철도 반대 시위에 참가했습니다. 일찍부터 사회 문제에 관심을 갖고 직접 행동에 나선 건데요. 조슈아 웡은 어떻게 해서 다른 사람보다 이른 나이에 사회 문제에 눈을 뜨게 됐을까요? 어릴 때부터 종교적인 집안에서 자란 조슈아 웡은 기독교 계통의 학교에 다녔습니다. 그러다 보니 가난하고 불쌍한 사람들에 대한 관심이 높은 편이었지요. 틈틈이 빈민가에 가서 불쌍한 이들을 돕는 자원봉사 활동을 했다는데요. 그러다 보니 가난한 집들을 자주 방문하게 되었습니다. 1년 전에 왔을 때와 1년 후 다시 왔을 때 아무것도 변하지 않은 모습을 보고 조슈아 웡은 깊은 고민에 빠지게 됩니다. 잠시 찾아와서 도움을 주는 것만으로는 이들의 가난을 해결해 줄 수 없다는 걸 깨닫게 된 거죠. 사회 전체의 문제를 개인이 해결할 수는 없다는 사실도 알게 되었고요. 어떻게 하면 가난한 사람들이 제대로 된 삶을 살게 할 수 있을까? 오랜 고민 끝에 조슈아 웡이 얻은 결론은 이랬습니다.

"기도만으로는 그들을 도울 수 없다. 행동으로 변화시켜야 한다."

어린 조슈아 웡이 열렬한 사회운동가로 새롭게 태어나는 순간이었습니다. 그렇게 생각을 정리한 다음부터 서슴없이 사회 문제를 해결하기 위한 행동에 나서기 시작했는데요. 하지만 혼자 힘으로 할 수 있는 일에는 한계가 많다는 걸 곧 깨달았습니다. 다시 고민한 끝에 자신과 뜻을 함께할 수 있는 친구들을 찾아 나서기로 했습니다. 그렇게 해서 2011년에 '학민사조(學民思潮)'라는 이름을 단, 사회변화를 추구하는 학생운동 조직을 만들게 됩니다. 학민(學民)은 학생도 엄연히 시민의 일부이므로 시민의 의무를 다하는 동시에 권리도 행사할 수 있어야 한다는 뜻을 담았고, 사조(思潮)는 같은 사상을 가진 흐름을 뜻하는 말로 예전부터 사회단체에서 많이 쓰던 명칭입니다. 구성원들은 대부분 또래 중학생들이었고, 조슈아 웡이 대표를 맡았습니다. 그때 나이가 열여섯 살, 만으로는 열다섯 살도 채 되기 전이었습니다.

그 직후 홍콩 정부는 국민교육이란 걸 하겠다고 나섭니다. 중국인으로서 가져야 할 애국심을 심어주기 위해 초등학교에 '국민윤리'라는 과목을

2011년 조직된 '학민사조'를 통해 민주화 운동에 참여하는 조슈아 웡

새로 만들어 필수 학습을 시키겠다는 거였습니다. 이런 계획에 학부모와 학생들은 즉각 반발했습니다. 홍콩인을 중국인으로 만들기 위해 주입식 세뇌 교육을 하겠다는 것과 다를 바 없다고 보았기 때문입니다. 중국 공산당의 가치를 따를 것을 강요하며 맹목적인 애국심만 강조하는 건 민주주의 이념에 맞지 않는다고 판단한 겁니다.

'무슨 일이 있어도 이건 막아야 해. 이런 교육을 실시하게 되면 홍콩인들은 중국 정부의 꼭두각시가 되고 말 거야.'
그렇게 판단한 조슈아 웡은 학민사조 소속 회원들과 동맹휴교를 결의하고 거리로 나가 국민교육 실시를 반대한다는 구호를 외쳤습니다. 시민들을 상대로 서명운동도 펼쳤고요. 급기야 시위대는 정부 종합청사 앞마당을 점거하고 농성에 들어갔습니다. 한쪽에선 단식농성을 하는 사람들도 생겨났고, 날이 갈수록 시위에 동참하는 숫자가 늘어나더니 10만여 명까지 불어났습니다. 처음에는 국민교육 실시를 포기할 수 없다며 버티던 홍콩 정부도 마침내 한발 물러날 수밖에 없었습니다. 이때 거둔 승리는 홍콩 시민들에게 자신감을 안겨주었을 뿐만 아니라 십 대와 이십 대 청년들의 사회 참여의식을 높이는 계기가 되었습니다. 정치나 경제 문제가 아닌 교육 문제가 쟁점이었기 때문에 남의 문제가 아니라 자신들의 문제로 받아안을 수 있었던 거죠. 국민교육 사태를 발판으로 조슈아 웡과 학민사조의 존재감을 드러낼 수 있었습니다.

우산 혁명의 한복판에 서다

홍콩 정부와 홍콩 시민 사이는 점점 벌어지고 있었습니다. 정확하게 말하자면 홍콩 시민과 중국 정부 사이의 갈등과 대립이 심해졌다고 봐야 하는데요. 홍콩 정부를 이끄는 행정장관은 중국 정부가 시키는 대로만 따라가는 역할에 그치곤 했기 때문입니다. 홍콩의 행정장관 뒤에는 언제나 중국 정부와 공산당이 있다는 건 홍콩 시민이라면 누구나 알고 있는 사실이었으니까요.

홍콩 시민들은 줄곧 행정장관 직선제를 요구해 왔습니다. 자신들의 대표를 자신들의 손으로 뽑고 싶다는 건 민주주의 사회라면 너무나 당연한 일이니까요. 하지만 홍콩 시민들은 자신들의 대표를 직접 뽑을 수 없었습니다.

2014년 중국 정부는 2017년에 시행하는 홍콩의 행정장관 선거를 직선제로 시행한다고 발표했습니다. 하지만 기쁨이 분노로 바뀌는 건 순식간이었습니다. 행정장관의 출마 자격을 제한하고 있었기 때문인데요. 행정장관 후보로 나서려면 후보추천위원회에서 과반수 지지를 받아야 한다면서 후보추천위원회 구성을 중국에 우호적인 사람들로 채웠거든요. 그러니 중국 정부의 마음에 안 드는 사람은 애초에 출마할 수 있는 길이 없는 거나 마찬가지인 셈이었습니다. 무늬만 직선제일 뿐 결국 중국 정부 입맛에 맞는 사람을 계속 행정장관으로 내세우겠다는 속셈을 드러낸 겁니다. 홍콩 시민들에게 다시 거리로 나오라고 등을 떠미는 거나 마찬가지인 조치였던 거죠.

홍콩 시민과 학생들이 거리로 쏟아져 나오자 홍콩 경찰은 최루탄과 물대포를 쏘며 시위대를 해산시켰습니다. 경찰들의 힘에 밀려 이리저리 쫓겨 다니는 시위대를 본 조슈아 윙이 이렇게 외쳤습니다.

"홍콩 시민 여러분, 각자 우산을 들고나옵시다. 우산으로 최루탄을 막으며 전진합시다."

그 말을 들은 시위대는 저마다 우산을 들고나와 시위 대열에 합류하기 시작했습니다. 그렇게 날마다 우산을 들고나오는 시위대의 모습을 보고 외국 사람들이 '우산 혁명'이라는 말로 홍콩 시위를 표현했습니다. 우산으로 최루탄을 얼마나 막아낼 수 있을까요? 하지만 우산은 최루탄을 막기 위한 용도를 넘어서서 점차 홍콩 시위의 상징이 되었습니

우산 혁명 당시에 사용된 로고

다. 그 우산 혁명의 한복판에 아직 학생인 조슈아 웡이 서 있었고요.

"어떤 희생을 치르든 우리는 이 문제를 다음 세대에 넘길 수 없습니다. 우리 세대가 우리의 임무를 완수해야 합니다!"

검은 뿔테 안경을 쓰고 짧게 깎은 머리를 한 소년 조슈아 웡이 마이크를 잡고 외쳤습니다. 자신들이 새로운 시대를 여는 세대의 중심이 되겠다는 선언이었지요. 그러면서 이런 말도 했습니다. 10년 후에 지금의 초등학생들이 홍콩 민주화를 외치며 거리로 나와서 싸우는 걸 보고 싶지 않다고요. 하지만 10년이 아니라 5년 만에 그때의 초등학생들이 중고생이 되어 2019년 홍콩 시위의 주역으로 등장하게 됩니다.

2014년의 우산 혁명, 그리고 송환법 반대로 일어난 2019년의 격렬한 시위에는 항상 십 대와 이십 대가 중심에 서 있었습니다. 왜 그랬을까요? 지금은 홍콩이 어느 정도 자치권을 가지고 있지만 2047년이 되면 일국양제 체제를 벗어나 직접 중국의 통치권 아래로 들어가게 됩니다. 그때쯤에 지금의 성인들은 모두 노인이 되어 있겠죠. 그들은 사회체제

가 어떻게 변하든 이미 사회활동의 전면에서 물러나 있을 때라 별다른 영향을 받지 않을 겁니다. 하지만 젊은 세대는 그 무렵에 사회의 중심 무대로 진출해서 활발한 활동을 하고 있을 나이입니다. 그래서 더욱 절박감을 느끼는 거죠. 지금의 홍콩인들이 누리고 있는 자유를 잃고 싶지 않다는 거예요. 홍콩의 미래는 외부 사람이 아닌 자신들이 결정하고 싶다는 소망을 표현하고 있는 겁니다.

우산 혁명을 이끌던 조슈아 윙은 불법 집회에 참가하고 시민들을 선동했다는 이유로 경찰에 체포됐습니다. 그러자 조슈아 윙은 이렇게 항변했습니다.

"2012년에 일어난 평화 시위도 광장에서 이루어졌습니다. 광장은 시민들이 자유롭게 이용하는 공공장소인데 이곳에서 시위를 한 게 어떻게 불법이 될 수 있습니까?"

하지만 조슈아 윙과 거리로 나온 수많은 시민과 청년들은 자신들의 뜻을 이루지 못했습니다. 경찰들의 강경한 진압과 시위가 오래 이어지면서 경제가 마비되고 있다는 목소리들이 나오면서 결국 시위를 시작한 지 79일 만에 우산 혁명은 막을 내리게 됩니다.

우산 혁명은 비록 실패했지만 자유와 민주주의를 실현하고자 하는 홍콩 시민들의 염원과 저항은 세계인들에게 깊은 인상을 남겼습니다. 우산 혁명의 중심에 서서 시위대를 이끌던 조슈아 윙이 국제사회의 주목을 받게 된 건 흔들리지 않는 그의 리더십과 열정을 높이 샀기 때문

입니다. 그해 말에 조수아 웡은 미국 〈타임〉지의 표지를 장식했고, 2015
년에는 미국의 경제잡지 〈포춘〉이 '세계 최고의 지도자' 중 한 명이라는
말로 조수아 웡을 높이 평가했습니다.

- - - - - - - - - - -

우산 혁명 이후

우산 혁명은 비록 목표한 성과를 거두지 못했지만 홍콩 청년들의 뜨거
운 가슴까지 잠재울 수는 없었습니다. 그때 분출되었던 열망이 2019년
의 거대한 물결로 이어졌으니까요.

　조수아 웡은 2019년의 시위에서도 중심적인 역할을 합니다. 그전에
이미 우산 혁명으로 인해 1년 6개월 동안 감옥 생활을 하고 나왔지만,
조수아 웡은 굴하지 않고 홍콩의 민주화를 위해 싸우겠다는 결심을 합
니다. 그러면서 자신이 이끌던 학민사조와 같은 소규모 그룹으로는 한
계가 있다는 판단을 하고 데모시스토(Demosisto)라는 정당을 만들어서
사무총장 격인 비서장을 맡았습니다.

　2019년의 시위가 이어지는 동안 조수아 웡은 여러 차례 체포됐다 풀
려났는데요. 활동에 많은 제약을 받으면서도 조수아 웡은 외국 기자들
을 만나 홍콩의 상황을 전하면서 지지를 호소했습니다. 특히 한국의 광

주민주화운동과 1987년의 6월항쟁에 깊은 감명과 영향을 받았다며 그동안 한국인들이 펼쳐온 민주화 투쟁을 높이 평가하기도 했고요.

조슈아 웡은 독일, 미국, 대만 등을 방문해 국제적인 지지를 호소하는 활동을 펼쳤습니다. 그런 활동을 홍콩 정부와 중국이 곱게 볼 리는 없었지요. 그래서 영국 의회가 조슈아 웡에게 인권상을 수여하기로 했지만 홍콩 정부가 출국 금지를 시키는 바람에 시상식에는 참여하지 못했습니다. 조슈아 웡이 우리나라의 지방선거에 해당하는 구의원 선거에 출마하는 것도 자격이 없다며 막았고요. 하지만 홍콩 시민들은 구의원 선거에서 민주화 투쟁을 지지하는 범민주진영 후보들에게 전체 의석의 2/3가 넘는 압도적인 승리를 안겨 주었습니다. 그전까지는 친중국 의원들이 절대다수를 차지하고 있던 상황을 뒤엎은 겁니다.

앞으로 홍콩의 미래가 어떻게 전개될지는 아무도 모릅니다. 다만 한 가지 분명한 건 홍콩의 미래는 홍콩인들이 결정하도록 해야 한다는 겁니다. 수많은 조슈아 웡들이 목숨을 걸어가며 자유와 민주주의를 외쳤던 시간은 아직 끝나지 않았으니까요. 아름다운 야경을 자랑하는 홍콩의 거리 곳곳에 홍콩 젊은이들이 흘린 피가 스며 있습니다. 수천 명이 체포되어 감옥으로 끌려가고 의문의 죽임을 당하기도 했던 홍콩 청년들이 사랑한 노래인, 우리가 민주주의를 외치며 싸울 때 불렀던 '임을 위한 행진곡'이 지금도 그들의 가슴 속에 울려 퍼지고 있을 겁니다.

3

말랄라 유사프자이

아동과 여성의 인권을 위해 투쟁하다

"그들은 자신들의 총알이
우리를 침묵하게 할 거라고 믿었습니다.
하지만 그들은 실패했습니다.
내 인생은 바뀌지 않았습니다."

총탄을 맞은 어린 소녀

2012년 10월 9일, 이틀째 치른 시험을 마친 말랄라는 평소처럼 집으로 돌아가기 위해 통학버스를 탔습니다. 얼마쯤 달렸을까, 갑자기 통학버스가 멈추더니 총을 든 사내가 차 안으로 올라왔습니다. 그때까지만 해도 무슨 일이 벌어질지 누구도 짐작할 수 없었습니다.

"여기 있는 애들 중에 누가 말랄라냐?"

총을 든 사내는 위협적인 눈초리로 버스 안에 있는 학생들을 쏘아보듯 말했고, 버스 안에 있던 학생들은 모두 겁먹은 표정으로 아무 말도 못 했습니다.

"내가 말랄라예요."

뒷좌석에 앉아 있던 말랄라가 고개를 내밀며 대답했습니다. 그러자 사내는 곧바로 말랄라에게 다가오더니 총을 겨눴습니다. 그리곤 망설이는 표정도 없이 방아쇠를 당겼지요. "탕! 탕! 탕!" 요란한 소리와 함께 총알은 순식간에 말랄라와 옆에 앉아 있던 친구들의 몸을 뚫고 지나갔습니다. 버스 안에 아우성과 비명이 가득 찼을 테지만 총구가 불을 뿜던 그 순간 이후 말랄라의 귀에는 아무 소리도 들리지 않았습니다.

너무 끔찍한 일이 순식간에 벌어진 건데요. 이제 겨우 만 열다섯 살짜리 소녀가 왜 얼굴도 모르는 괴한에게 총탄 세례를 받아야 했던 걸까요? 대체 무슨 원한과 증오가 사무쳤기에 그 사내로 하여금 어린 소녀에게 총을 겨누고 발사하게 한 걸까요? 아무리 무섭고 험악한 세상이라해도 도저히 있어서는 안 되는 일이 벌건 대낮에, 그것도 어린 학생들을 대상으로 삼아 벌어졌습니다. 이런 일이 발생할 수도 있다는 걸 이해할 수 있나요? 하지만 그건 잘못 꾼 악몽이 아니라 생생한 현실 속에서 벌어진 참극이었습니다.

피를 흘리며 의식을 잃은 말랄라는 급히 병원으로 옮겨졌습니다. 총알은 이마를 뚫고 왼쪽 어깨 깊이 박혔습니다. 과연 살아날 수 있을까? 너무 심한 총상을 입어 생명을 장담할 수 없는 상황이었습니다. 소식을 듣고 달려온 말랄라의 아버지는 통곡하며 기자들에게 이렇게 외쳤습니다.

"우리 딸은 아무런 잘못이 없다. 항상 자랑스러운 딸이다. 망할 놈의 광신도들이 내 딸의 목숨을 빼앗으려 했다. 어린 소녀에게 총을 쏘는 자들은 진정한 이슬람을 배반하고 욕보이는 존재들이다."

말랄라는 왜 끔찍한 테러의 대상이 되어야 했고, 말라라 아버지의 분노가 향한 대상은 누구였을까요?

- -

말랄라와 아버지 지아우딘

1997년 7월 12일 파키스탄의 북부지방 스와트의 골짜기 마을에서 귀여운 여자아이가 태어났습니다. 파키스탄은 인구의 97% 정도가 이슬람을 믿는 나라입니다. 그런 만큼 국가의 법보다는 이슬람의 율법이 더 강한 힘을 지니고 있고, 여성들의 권리가 매우 제한되어 있습니다. 그러다 보니 아들을 낳으면 축포를 쏘고 딸을 낳으면 커튼 뒤에 숨긴다는 말이 있을 정도로 남아선호 사상이 강한 곳인데요. 그런 상황에서 아무것도 모른 채 세상으로 나온 여자아이는 축복은커녕 미움부터 받았을지도 모릅니다. 하지만 다행히도 여자아이의 아버지는 남들과 생각하고 행동하는 게 달랐습니다. 신 앞에 모든 인간은 평등하다는 신념을 가졌던 아버지의 이름은 지아우딘 유사프자이입니다.

아버지 지아우딘은 딸이 태어나자 매우 기뻐하며 말랄라라는 이름을 지어주었습니다. 이 이름은 아프가니스탄이 영국과 맞서 싸울 때 전투를 승리로 이끈 위대한 여인 말랄라이에서 따왔다고 하는데요. 지아우딘의 집안은 파슈툰 족으로 본래 아프가니스탄에서 살다가 파키스탄으로 이주해 왔다고 합니다. 말랄라는 아프가니스탄의 여성 영웅 말랄라이처럼 용감하고 주체적인 여성이 되기를 바라는 아버지의 마음이 담긴 이름이랍니다. 그런 다음 말랄라라는 이름을 집안의 호적에 올렸는데요. 대부분의 파키스탄 사람들은 여자아이가 태어나면 호적에 올리지 않는 걸 당연하게 여긴다고 합니다. 여자는 집안일을 하고 아이를 낳아 기르는 역할만 하면 된다고 보았기 때문입니다. 하지만 말랄라의 아버지 지아우딘의 생각은 달랐습니다. 주변 친척들의 반대를 무릅쓰고 말랄라를 호적에 올린 지아우딘은 자신의 형제들에게도 절대로 여자아이라고 해서 차별하지 말 것을 당부했습니다. 지아우딘이 얼마나 깨인 생각을 갖고 있는 사람인지 알 수 있는 사례입니다.

말랄라의 삶에 있어 아버지 지아우딘은 매우 커다란 영향을 미쳤는데요. 지아우딘은 이슬람식 교육 대신 공립학교에서 영어와 서양식 현대 교육을 받았으며, 매우 진보적인 사상을 가진 교육자였습니다. 여러 학교에서 학생들을 가르쳤고, 자신이 직접 학교를 세워 운영하기도 했습니다. 파키스탄은 문맹률이 높은 편이고, 여성의 교육 기회는 더욱 적을 수밖에 없었습니다. 하지만 지아우딘은 남녀차별을 인정하지 않았고, 여자들도 남자와 똑같이 교육받을 권리가 있다는 생각을 가졌습니다. 신념이 강했을 뿐만 아니라 그런 신념을 행동으로 옮기는 데 주저하지 않는 실천가이기도 했고요.

그런 아버지 밑에서 자란 말랄라가 어떤 생각을 하며 자라게 됐을지 상상하는 건 그리 어렵지 않을 겁니다. 지아우딘은 말랄라를 다섯 살도

되기 전에 자신이 세운 학교에 입학시켜 교육을 받게 했고, 자신이 참여하는 각종 모임에도 데리고 다녔습니다. 그러면서 항상 자신의 목소리를 낼 줄 아는 사람이 될 것을 강조했습니다. 아버지로부터 그런 교육을 받으며 자란 말랄라는 여자도 교육을 받고 나중에 사회에 진출해서 자신의 능력을 발휘하며 사는 게 당연하다는 생각을 했습니다. 글을 배우지 못해 오로지 집안일만 하는 엄마처럼 살지는 않겠다는 다짐을 한 거죠.

탈레반, 비극의 시작

탈레반이라고 들어봤나요? 이슬람의 원리를 극단적으로 해석해서 자신이 믿는 신의 가르침을 글자 그대로 따라야 한다는 사람들이 모인 집단입니다. 자신들이 해석한 교리가 가장 신성하며, 거기에서 조금이라도 벗어나는 행동을 하는 사람들은 폭력을 써서라도 굴복시켜야 한다는 과격한 사상을 가지고 있습니다.

전 세계를 충격에 빠트린 9·11테러 이후 미국은 주동자 빈 라덴을 옹호하는 탈레반 세력을 제거하겠다며 2001년에 아프가니스탄을 침공했습니다. 미국과의 전쟁에서 밀린 탈레반들은 이웃 나라로 피신을 하게됐고, 그중 일부 세력이 말랄라가 살고 있는 파키스탄의 스와트 지역까지 오게 됐습니다. 아프가니스탄과 파키스탄의 접경 지역에 있었던 스와트 지역 사람들은 쫓겨온 탈레반들을 동정하고 보호해 주었습니다. 같은 이슬람을 믿는 형제들이라고 여겼기 때문입니다. 파즈올라라는 젊은 지도자를 중심으로 한 탈레반들은 처음에는 지역 주민들에게 그럴듯한 말로 호감을 샀지만 얼마 지나지 않아 자신들의 종교적 신념을 강요하면서 폭력을 사용하기 시작합니다.

본래 이슬람은 다른 모든 종교와 마찬가지로 인류에 대한 사랑과 평화를 내세우는 종교입니다. 하지만 지아우딘과 말랄라가 보기에 탈레반들이 내세우는 이슬람 율법은 진짜가 아니라 가짜였습니다. 알라신의 뜻은 결코 폭력에 있지 않다는 걸 굳게 믿었고, 탈레반들은 신의 뜻을 거스르는 집단임이 분명했습니다.

지역을 장악한 탈레반 세력은 서서히 자신들의 정체를 드러내기 시작합니다. 주민들이 다른 종교나 서양의 문화에 물들지 않아야 한다면서 텔레비전을 보지 못하게 하고 CD나 DVD 같은 것들을 불태워버렸습니다. 조금이라도 이슬람 율법에 어긋난 행동을 했다고 판단되면 가차 없이 죽여서 광장에 시체를 전시하기도 했고요. 그뿐만 아니라 현대식 교육 대신 이슬람 율법만 배우면 된다는 이유로 400여 곳의 학교를 파괴했습니다. 밤마다 여기저기서 건물을 폭파하는 소리가 들리고, 2008년 말에는 여학생이 다니는 모든 학교를 폐교하라는 지시와 함께 여자들은 절대로 학교에 가면 안 된다는 경고를 보내왔습니다.

지아우딘은 탈레반의 반문명적인 파괴행위를 그대로 지켜볼 수 없었습니다. 뜻을 같이하는 사람들을 모아 탈레반의 파괴행위를 멈추기 위한 평화행진을 하고, 국제사회에 지원을 요청했습니다. 말랄라 역시 무언가 행동을 해야 한다고 생각했는데요. 어릴 적부터 아버지를 따라 학교에 다니는 동안 학교를 마치 자신의 집처럼 여겼던 터라 더 이상 학교에 다닐 수 없다는 건 받아들이기 어려웠기 때문입니다.

2009년 1월, 영국 공영방송 BBC의 블로그에 글이 하나 올라왔습니다. '굴 마카이'라는 필명으로 된 글은 탈레반의 폭력과 그로 인해 고통받는 사람들에 대한 이야기를 담았습니다. 특히 학교에 가지 못하는 여학생들의 처지와 파괴된 학교를 다시 세우는 일에 관심을 가져줄 것을 호소했습니다.

학교에 가는 게 무섭습니다. 탈레반이 모든 여자아이에게 학교에 가는 걸 자신들의 율법으로 막고 있기 때문입니다. 오늘도 27명 중에 겨우 11명이 학교에 왔습니다. 날이 갈수록 학교에 오는 학생들의 수가 줄고 있습니다.

굴 마카이는 말랄라가 사용한 가명이었습니다. 이런 글을 외부에 발표한다는 건 죽음까지 각오해야 할 만큼 위험한 일이었기 때문인데요. 아버지 지아우딘이 말랄라에게 글을 올릴 수 있느냐고 조심스럽게 물었을 때 말랄라는 흔쾌히 그러겠다고 했습니다. 왜 여자라는 이유로 혼자

외출도 못 하게 하는 걸까? 왜 여자들은 모두 천으로 얼굴을 가리고 다녀야 할까? 평소에 갖고 있던 의문과 함께 더 이상 학교에 다니지 못한다는 건 상상할 수 없는 일이었으니까요. 이슬람의 경전인 코란 어디에도 춤과 노래를 금지하거나 여자는 공부를 하면 안 된다는 내용이 없다는 걸 아버지를 통해 들어서 알고 있었습니다. 말랄라는 이렇게 말했습니다.

"탈레반의 지도자 한 사람이 모든 걸 파괴할 수 있다면 한 소녀가 그걸 바꾸는 일을 못 할 이유가 어디 있는가?"

말랄라는 말랄라대로 아버지는 아버지대로 국제사회에 탈레반의 만행을 폭로하고 지원을 요청하는 활동을 했습니다. 정말 용감한 부녀였습니다. 훗날 사람들이 아버지 지아우딘에게 어떻게 딸을 그렇게 진취적인 아이로 키울 수 있었냐고 묻자, "저는 말랄라의 날개를 꺾지 않았을 뿐입니다"라는 대답을 들려주었습니다. 말랄라 역시 비슷한 질문에 아버지의 영향을 부인하지는 않지만 행동은 자신의 선택일 뿐이라고 했고요.

말랄라는 꾸준히 일기 형식으로 글을 올렸고, 점차 세계인들의 관심을 받게 되었습니다. 당연히 탈레반 사람들에게는 눈엣가시가 되었겠지요. 국내외 언론사들에서 인터뷰 요청이 이어졌고, 말랄라를 주인공으로 하는 다큐멘터리까지 만들게 되는데요. 미국의 〈뉴욕 타임스〉사가 제작해서 홈페이지에 올린 다큐멘터리는 많은 이들의 공감을 얻었습니다. 말랄라는 밀려드는 인터뷰와 강연을 통해 계속 탈레반의 만행을 알리는 동시에 여자들도 학교에 다니며 교육받을 권리가 있다는 사실을 강조했습니다. 그런 활동을 통해 말랄라는 파키스탄뿐만 아니라 다른 나라에서도 알아줄 만큼 유명 인사가 되었습니다. 자칫 목숨이 위험할 수 있다며 활동을 그만두라는 주변의 조언이 이어졌고, 실제로 아버지 지아우딘과 말랄라에게 살해 협박이 이어졌습니다. 그럼에도 말랄라는 자신의 목소리를 내는 걸 포기할 수 없었는데요. 탈레반의 협박에도 굴하지 않고 활동을 이어간 말랄라가 파키스탄 청소년평화상을 받으면서 점차 영향력을 확대해 가자 탈레반들은 더 이상 지켜볼 수만은 없다는 판단을 내렸습니다. 말랄라를 살해할 계획을 세우기 시작한 겁니다.

굴하지 않는 말랄라의 용기

총격을 받고 파키스탄의 병원에서 두개골 일부를 들어내는 등의 치료를 받던 말랄라는 의료 시설이 더 좋은 곳에서 치료받기 위해 영국의 버밍엄에 있는 병원으로 옮겨졌습니다.

말랄라가 탈레반의 지시를 받은 괴한의 총격을 받았다는 사실은 파키스탄 사람들은 물론 전 세계 사람들에게 충격을 주었습니다. 미국의 오바마 대통령과 비욘세, 안젤리나 졸리, 마돈나 등 세계적인 스타들도 탈레반을 규탄하고 말랄라의 회복을 기원해 주었습니다. 총격 사건 며칠 후에 파키스탄의 이슬람 성직자 50명은 말랄라를 죽이려던 자들을 규탄하는 파트와를 발표했습니다. 파트와는 이슬람 학자들이 종교적인 입장을 정리해서 발표하는 의견으로 법보다 강한 권위를 지니고 있습니다. 탈레반의 행위가 이슬람 율법에 어긋난다는 걸 공식적으로 발표한 겁니다. 파키스탄 수도에서는 여성들이 거리로 나와 "내가 말랄라다"라는 문구를 적은 티셔츠를 입고 시위를 했는데요. 탈레반 괴한이 누가 말랄라냐고 물었던 걸 기억하며, 자신들도 말랄라와 뜻을 같이하며 연대하겠다는 마음을 표현한 겁니다. 그와 동시에 여성들이 기본교육을 받을 권리를 국가에 요구하기 시작했습니다. 이렇게 말랄라의 용감한 행동과 그로 인한 희생은 그동안 억압받고 있던 파키스탄 여성들의 목소리를 끌어낼 수 있었습니다.

영국 의료진의 치료를 받은 말랄라는 기적적으로 목숨을 건졌습니다. 사경을 헤매는 동안, 그리고 오랜 혼수상태에서 깨어난 말랄라는 얼마나 무서웠을까요? 이제 겨우 열다섯 살에 지나지 않는 소녀로서는 감당하기 힘든 공포였을 겁니다. 더구나 그 후에도 탈레반들의 살해 협박은 그치지 않았으니까요. 하지만 말랄라는 퇴원 후에도 자신의 활동을 멈출 생각이 없었습니다. 다시 파키스탄으로 돌아갈 수 없었던 말랄라는 가족과 함께 영국에서 생활하며 학교에 다니기 시작했고, 글과 인터뷰, 강연을 통해 계속 파키스탄의 문제를 알렸습니다.

말랄라는 아버지와 함께 '말랄라 펀드'라는 걸 만들었습니다. 기부금을 모아 제대로 교육받지 못하는 어린이들과 여성들의 교육 활동을 지원하기 위해 만든 건데요. 말랄라는 그동안 '사하로프 인권상' 등 여러 상을 받았고, 그로 인해 받은 수억 원의 상금을 말랄라 펀드에 기증했습니다. 그렇게 모인 돈으로 가난한 나라의 아이들을 위한 교육지원금으로 쓸 수 있었습니다.

이런 활동이 알려지면서 당시에 유엔의 책임자를 맡고 있던 반기문 사무총장이 말랄라를 유엔 본부로 초대합니다.

> 그들은 자신들의 총알이 우리를 침묵하게 할 거라고 믿었습니다. 하지만 그들은 실패했습니다. 내 인생은 바뀌지 않았습니다. 나 약함과 공포, 절망이 사라진 대신 힘과 기운, 용기가 새로 생겨났습니다. 우리 스스로 책과 펜을 통해 우리의 목소리를 높일 수 있도록 하세요. 그게 우리가 가진 가장 강력한 무기입니다. 한 아이, 한 교사, 한 권의 책, 하나의 펜이 세상을 바꿀 수 있습니다. 교육만이 유일한 해결책입니다.

2013년 7월 12일, 말랄라가 자신의 생일에 유엔 본부에서 행한 연설의 한 대목입니다. 연설을 마치자 참석자들은 모두 일어나 힘찬 박수를 보냈고, 유엔에서는 이날을 '말랄라의 날'로 정했습니다. 정말 대단한 일이 아닐 수 없지요.

말랄라는 미국의 오바마 대통령을 만날 기회도 있었는데요. 그 자리에서 말랄라는 오바마 대통령에게 이렇게 말했답니다. 오바마 대통령이

백악관을 방문하여 오마바 대통령과 담소를 나누는 말랄라

다른 나라에 총 대신 책과 교사를 보낸다면 세계를 변화시킬 수 있을 거라고요. 그동안 미국은 세계의 평화를 위한다는 명분으로 여러 곳에서 전쟁을 일으켰거든요. 그러니 그 말을 들은 오바마는 얼마나 가슴이 뜨끔했을까요?

2014년이 되면서 활동의 폭을 더욱 넓혔습니다. 시리아 난민들이 거주하는 요르단의 캠프촌을 찾아가 그들에게 도움의 손길을 내밀었고, 보코하람이라는 이슬람 극단주의 단체가 여학생들을 집단 납치해서 감금하자 나이지리아까지 가서 이들의 구출을 위해 노력했습니다. 미얀마 정부에 의해 탄압받고 있는 로힝야 족의 인권 보호를 위해 앞장서기도 했고요.

최연소 노벨상의 주인공이 되다

세상 사람들을 더 놀라게 한 건 2014년 10월 10일의 일이었습니다. 그
날 노벨평화상 수상자가 발표되자 전 세계 사람들은 모두 깜짝 놀랐습
니다. 만 열일곱 살짜리 소녀가 노벨평화상의 주인공이 되었으니까요.
지금까지 가장 어린 나이의 노벨상 수상자가 나오는 역사적인 순간이었
습니다. 아동노동 금지를 위해 노력해온 인도의 사티야티와 공동 수상
을 했지만 세계인들의 눈길은 말랄라에게 더욱 쏠렸습니다.

　발표가 나던 시간에 말랄라는 평상시처럼 학교에서 수업을 받고 있었
습니다. 파키스탄에서 하지 못한 공부를 계속하기 위해 영국의 버밍엄
에서 고등학교에 다니고 있었거든요. 몰려든 기자들에게 말랄라는 노벨
상은 끝이 아니라 출발점이며, 자신이 받은 노벨평화상은 전 세계 수많
은 어린이들을 위한 것이라고 했습니다.

　　나는 말랄라입니다. 나는 샤지아이고 나는 아미나이고 학교 밖
　　으로 내몰린 6천6백만 명의 여자아이입니다. …나는 모든 어린이
　　가 학교에 다닐 때까지 계속 싸울 겁니다.

　노벨평화상 수상 연설을 하며 말랄라는 파키스탄뿐만 아니라 교육받
을 권리를 빼앗긴 다른 나라의 어린이와 여성들을 위해서도 변함없이
활동을 펼쳐나갈 것이라고 했습니다. 말랄라는 수술 이후 왼쪽 얼굴 근

육이 완전히 회복되지 않아 살짝 찡그린 모습을 하고 있고, 한쪽 귀도 잘 들리지 않는 상태입니다. 하지만 그런 상처보다 더 강인한 용기가 말랄라의 위대함을 감싸고 있습니다.

파키스탄 정부가 탈레반을 몰아낸 다음인 2018년에 말랄라는 고향을 떠나온 지 6년 만에 자신이 살던 스와트 지역을 방문할 수 있었는데요. 환영을 받기는 했지만 파키스탄 사람들 모두가 말랄라에게 호의적인 시선을 보내고 있는 건 아닙니다. 여전히 여성의 사회활동을 탐탁지 않게 여기는 보수적인 이슬람 신도들이 많기 때문입니다. 여전히 헤쳐나가야 할 장애물이 많다는 얘기일 텐데요. 그럼에도 영국에서 대학 교육을 받고 있는 말랄라가 언젠가는 파키스탄에 정착해서 자신의 뜻을 마음껏 펼칠 수 있는 날이 오기를 바랍니다.

4
김금원
열네 살 소녀, 꿈꾸던 금강산을 혼자 여행하다

모든 물줄기가 동쪽으로 흘러드니
깊고 넓음이 끝없어라
무릇 하늘과 땅이 거대해도
이 한 가슴에 품어 안을 수 있었네

금강산 여행을 꿈꾼 소녀

우리나라에서 가장 아름답고 유명한 산을 꼽으라면 많은 사람이 금강산을 떠올릴 겁니다. 지금은 비록 남북이 분단되어 갈 수 없는 곳이지만요. 남북 관계가 평화로울 때 몇 년간 금강산 관광이 활기를 띤 적도 있지만, 길이 막힌 뒤로 언제 다시 가볼 수 있을지 기약할 수 없는 곳이 되고 말았습니다.

예로부터 금강산은 죽기 전에 꼭 한 번 가봐야 할 곳으로 꼽혔습니다. 그래서 많은 선비와 문인들이 금강산을 찾아가 신비한 아름다움을 시로 읊고, 화가들은 그림으로 남겼지요. 그렇게 해서 지금도 전해지는 금강산을 소재로 한 시와 그림이 무척 많습니다. 조선 시대의 대표적인 화가 겸재 정선은 금강산을 세 번 다녀와 〈금강전도〉 등 30여 편의 그림을 남겼고, 율곡 이이는 금강산을 소재로 한 기행 시를 썼습니다. 현대에 와서는 〈그리운 금강산〉 등 유명한 가곡이 나오기도 했고요. 금강산은 중국 사람들도 와보고 싶다고 할 만큼 명산으로 이름이 높았습니다.

조선 시대 후기에 금강산 구경을 꼭 하고야 말겠다는 결심을 한 소녀가 있었습니다. 누구나 생각을 하고 꿈을 꿀 수는 있지요. 아무리 허황해 보이는 꿈이라 할지라도요. 하지만 그걸 직접 행동과 실천으로 옮기는 건 아무나 할 수 없는 일입니다. 더구나 때는 조선 시대요, 꿈꾸는 당사자가 우리 나이로 이제 겨우 열네 살의 소녀라면 더욱 상상하기 어려운 일일 겁니다. 열네 살이라면 지금 중학교 1학년에 해당하는 나이잖아요. 혼자 하는 여행은커녕 친구 집에 가서 하룻밤만 자고 온다고 해도 허락하지 않을 부모님이 많지 않을까요?

열네 살 소녀는 평소에도 바깥세상에 대한 호기심이 많았습니다. 사람이 세상에 태어나서 보고 싶은 걸 못 보고 간다면 그것만큼 억울한 인생도 없을 거라는 생각이 한시도 떠나지 않았습니다.
'어떻게든 금강산 유람을 하고 말 거야. 신선이 놀다 가고 선녀가 내려와 목욕을 하고 갔다는 금강산 계곡이 얼마나 기묘하고 아름다운 절경을 하고 있는지 두 눈으로 직접 확인하고, 그 모습을 아름다운 시로 남기고 싶어.'

그런 생각을 하면서 소녀는 어쩌면 황진이를 떠올렸을지도 모르겠습니다. 자신보다 200년 이상 앞서 살았던 황진이가 금강산 유람을 다녀

왔다는 말을 진작 들어서 알고 있었을 겁니다. 남녀 유별이 심했던 봉건시대에 여성의 몸으로 자유롭고 거침없는 삶을 살았던 황진이야말로 요즘 말로 하면 소녀의 롤모델이었을 수도 있으니까요. 한편 김금원 역시 어릴 적부터 시를 배우고 직접 짓기도 했으므로, 금강산의 절경을 자신의 시에 담아보고 싶다는 소망을 버릴 수 없었겠지요.

조선 후기의 화가 겸재 정선이 그린 〈금강전도〉

  금강산 유람을 한 여성으로 역사 기록에는 김만덕이라는 사람이 한 명 더 등장하는데요. 김만덕은 제주에서 장사를 하여 큰돈을 번 여장부였습니다. 훗날 제주에 큰 가뭄이 들어 수많은 사람이 굶어 죽을 지경에 처하자 그동안 번 돈으로 육지에서 곡식을 사온 다음 제주 백성들에게 나눠주었습니다. 이런 선행이 알려지자 임금이 김만덕을 한양으로 불러들였고, 김만덕의 소원이 금강산 구경이라고 하자 신하들에게 명을 내려 금강산 구경을 할 수 있도록 해주었습니다.

소녀는 과연 소망대로 금강산 유람을 떠날 수 있었을까요? 떠날 수 있었다면 어떻게 해서 부모의 허락을 받아냈을까요? 눈물로 호소를 했을까요, 아니면 단식투쟁이라도 했을까요?

잠시 어린 소녀가 어떤 인물인지부터 살펴보기로 하겠습니다.

- -

김금원은 어떤 여자였을까?

소녀의 정확한 이름은 기록에 남아 있지 않습니다. 1817년에 강원도 원주에서 나고 자랐다는 사실만 찾아볼 수 있을 뿐 부모의 이름과 신분도 알 길이 없습니다. 사람들이 흔히 김금원(金錦園)이라고 부르지만, 금원은 소녀의 본명이 아니라 나중에 자신이 쓴 글을 모아 문집을 남길 때 쓴 호, 즉 필명입니다. 거기에도 성은 없이 금원이라고만 표기되어 있는데요. 훗날 이능화라는 학자가 쓴 글에 김금원이라는 이름이 나옵니다. 100% 확실하다고 할 수는 없지만 그걸 토대로 다른 이들도 김금원이라는 이름으로 부르고 있습니다. 김금원은 본인이 남긴 기록에서 자신의 부모와 가정환경 등에 대해 아무런 언급을 하지 않았습니다. 그러다 보니 이런저런 자료를 바탕으로 추론을 해볼 수밖에 없는데요. 김금원을 연구한 학자들에 따르면 김금원의 아버지는 양반 가문에 속하고, 어머니는 기생 출신으로 아버지의 첩이 된 여인이었을 것으로 짐작하고 있습니다. 집안 경제 사정은 어느 정도 풍족한 편이었을 거고요.

김금원의 유람 경비를 지원해 줄 만큼은 됐을 거라고 보아야겠지요.

　김금원은 어릴 적에 몸이 허약했답니다. 그래서 부모님이 여자아이라면 마땅히 배워야 할 음식 만드는 일이나 바느질 같은 걸 익히라고 하는 대신 글공부를 시켰다는군요. 어릴 적부터 총명했던 김금원은 한문 공부와 더불어 시를 짓는 법을 배울 수 있었습니다. 글을 배우면 자연히 생각이 많아지면서 세상에 대한 관심도 높을 수밖에 없고, 집 밖으로 나아가 견문을 넓히고 싶은 마음이 들 겁니다. 김금원도 예외는 아니어서 글을 통해 지식을 쌓는 동시에 자신의 뜻을 펼쳐보고도 싶었겠지요. 하지만 조선 시대에 여자가 글을 배우고 학문을 익힌다고 해도 그런 지식을 활용할 수 있는 통로는 거의 없었습니다. 더구나 김금원의 아버지가 설사 양반이라 하더라도 어머니가 기생이라면 선택의 여지가 더욱 좁을 수밖에 없지요.

　김금원이 어린 나이에 금강산 유람을 떠날 수 있었던 건 오히려 그런 조건 때문이었을 거라고 하는 사람들이 있습니다. 일반적인 양반집 자녀라면, 더구나 딸자식이라면 대문 밖으로도 함부로 나가지 못하게 했던 시대였기 때문입니다. 잘못해서 이상한 소문이라도 나면 같은 양반집으로 가는 혼삿길이 막힐 수도 있을 테니까요. 하지만 기생의 딸이라면 그런 시선으로부터 웬만큼 자유로울 수 있었을 겁니다. 기생의 딸은 아버지가 누구냐와 상관없이 기생의 길을 걸어야 했던 게 그 당시 신분 사회의 원칙이었습니다. 김금원이 어릴 적에 한문 공부를 하고 시 짓는 법을 익혔던 건 기생 수업을 위한 방편이었을지도 모릅니다. 당시의 기생은 단순히 술자리에서 시중만 드는 여성이 아니었습니다. 노래와 악기 연주, 거기에 시를 짓는 능력까지 갖춘 예술가였다고 할 수 있습니다. 그런 교양을 갖추어야 글공부를 많이 한 남성 양반들과 어울릴 수 있었을 테니까요.

김금원은 열네 살의 나이에 혼자 금강산 유람을 떠납니다. 1830년 3월, 막 꽃이 피기 시작한 계절이었습니다. 그런데 왜 하필 열네 살이었을까요? 조금 더 자란 뒤에, 즉 성인이 된 뒤에 떠나도 되지 않았을까요? 그러면 좀 더 안전한 여행을 할 수도 있었을 텐데요. 하지만 조금만 더 생각해 보면 그럴 수밖에 없었던 이유를 짐작해볼 수 있습니다. 당시에 기생의 딸로 태어난 여자는 열다섯 살이 되면 기생의 길을 걷기 시작해야 했다고 합니다. 그렇다면 열다섯이 되기 전인 열네 살이 유람을 떠날 수 있는 마지막 기회였던 셈입니다.

그렇다고 해서 김금원이 말을 꺼내자마자 부모가 흔쾌히 허락할 리는 없었을 겁니다. 모르긴 해도 부모님과의 사이에 상당한 갈등과 우여곡절이 있었겠지요. 김금원은 성격이 당찰 뿐만 아니라 고집도 무척 셌을 것으로 짐작이 됩니다.

"여자로 태어났다고 해서 꼭 규방 안에만 갇혀 있어야 할 이유가 있습니까? 마침 하늘이 제게 내려준 총명한 재주가 있으니 거기에 견문을 더해 작은 성취라도 이룰 수 있다면 세상에 태어난 기쁨을 어찌 말로 다 할 수 있겠습니까?"

　김금원의 애원에 결국 부모님이 두 손을 들었습니다. 그렇게 해서 김금원은 드디어 남장을 하고 꿈에 그리던 유람길에 오릅니다. 남장을 한 건 혹시라도 유람 중에 몹쓸 짓을 당할 수도 있었기에 불가피한 선택이었습니다.

의림지를 거쳐 금강산으로 향하다

길을 떠난 김금원이 가장 먼저 들른 곳은 충북 제천의 의림지였습니다. 이때의 심정을 김금원은 매가 새장을 벗어나 푸른 하늘로 솟구치는 것 같고, 말이 입에 문 재갈을 벗어던지고 천 리를 내닫는 것 같다고 했습니다. 여성에게 덧씌워진 온갖 억압과 제약에서 벗어나 자유와 해방감을 만끽하는 기분이 어땠을지 짐작이 되나요? 앞날에 어떤 어려움이 닥칠지 생각하기 전에 김금원은 마냥 부풀어 오르는 마음만 안고 발길을 재촉했습니다.

　의림지는 우리나라에서 가장 오랜 역사를 가진 저수지 중의 하나입니다. 낮은 산줄기 사이로 흘러 내려오는 계곡을 막아 제방을 쌓은 이곳은 주변에 오래된 소나무와 버드나무가 늘어서 있어 풍광도 매우 뛰어났습니다. 충청도 지역을 호서(湖西) 지방이라고 부르게 된 이유가 바로 이 호수의 서쪽이라는 뜻으로 지은 명칭이었을 만큼 유명한 곳이기도 하고요. 의림지를 둘러본 김금원은 이어서 삼선암을 비롯해 단양팔경을 찾아 떠납니다.

청풍에 이르러 옥순봉을 눈에 담은 김금원은 놀라운 정경을 이렇게 시로 표현합니다.

시인들은 풍월을 읊느라 바쁘고
신은 인간을 질투하여 산 밖으로 쫓아냈네.
산 밖의 일을 알지 못하는 산새는
숲속에 봄빛이 있다고 지저귀네.

단양팔경을 거쳐 드디어 김금원은 금강산 입구에 다다릅니다. 그토록 와 보고 싶어 하던 곳에 당도했으니 그 순간 얼마나 감격스러웠을까요? 가슴이 절로 쿵쾅거렸을 겁니다. 과연, 지금껏 거쳐온 곳들의 풍광도 뛰어났지만 천하의 절경을 자랑하는 금강산에 비할 게 아니었습니다.

'저것들이 말로만 듣던 금강산의 일만이천 봉우리란 말인가. 실로 기묘하고 장엄하여 감히 말로 표현하기 힘들 정도로구나.'

그러면서도 김금원은 훗날 자신이 바라본 금강산 봉우리들의 모습을 문집에서 이렇게 묘사하고 있습니다.

저 눈부신 봉우리는 옥을 깎아 만들었는가 아니면 눈덩이를 쌓아 올렸는가. 수많은 불상과 병사들이 옹기종기 모여 있는 듯, 연꽃의 형상인가 파초의 형상인가, 어떤 건 솟구치고 어떤 건 깎아 내렸으며, 어떤 건 가로로 내달리고 어떤 건 세로로 우뚝 일어섰는데, 그 옆에 쭈그려 앉은 바위도 있구나.

김금원은 금강산 안에 자리 잡은 유명한 절인 장안사와 표훈사 구경도 하고, 옥경대며 백운대, 보덕굴, 만폭동, 금강문 등을 차례로 둘러본 다음 동해안 쪽으로 내려옵니다. 거기서 총석정, 삼일포, 청간정, 의상대, 경포대 등 관동팔경 유람에 나섭니다. 발길 닿는 곳마다 절경이요, 눈이 마주치는 장면마다 탄성이 절로 나오니 힘든 여정에도 불구하고 불끈 힘이 나는 듯했습니다. 사실 열네 살 어린 소녀의 몸으로는 감당하기 어려운 여행이었을 겁니다. 하지만 김금원이 남긴 기록에는 여행 중에 고생한 이야기가 별로 없습니다. 많은 시간이 지난 다음에 기록한 탓에 힘들었던 순간들의 기억이 사라졌거나 너무 아름다운 풍경에 압도되어 힘든 줄을 모르고 다녔기 때문일 수도 있겠습니다. 그럼에도 험한 산을 타고 오르내리는 일이 만만찮았을 거라는 점은 충분히 짐작할 수 있는 일입니다.

금강산 줄기에서 동해안 쪽을 내려다보며 쓴 시 한 수를 잠깐 살펴볼까요? 관해(觀海), 즉 '바다를 바라보며'라는 제목으로 쓴 시입니다.

모든 물줄기가 동쪽으로 흘러드니

깊고 넓음이 끝없어라
무릇 하늘과 땅이 거대해도
이 한 가슴에 품어 안을 수 있었네.

　자연의 위대함 앞에 인간의 존재란 하찮은 것이어서 절로 겸손해질 수밖에 없습니다. 김금원은 그런 위대한 풍경을 자신의 작은 가슴에 담아둘 수 있다는 사실에 감격했습니다. 자연을 정복하거나 가질 수는 없지만 가슴 속으로 들어온 풍경은 오래도록 지워지지 않고 남아 있을 테니까요.

　관동팔경 구경까지 마친 김금원은 이제 집으로 돌아가 부모님을 만나게 됐을까요? 금강산에 이어 동해까지 두루 보았으니 여행의 목적은 모두 마쳤다고 볼 수도 있습니다. 하지만 김금원은 그 정도로 만족할 수 없었습니다. 얼마나 어렵게 떠나온 길인데, 이렇게 돌아갈 수는 없지. 김금원은 그렇게 마음먹고 설악산으로 가서 백담사 등을 둘러본 다음 고향인 원주 땅이 아닌 한양을 향해 발걸음을 옮깁니다. 임금님이 계시다는 그곳, 말이 태어나면 제주도로 보내고 사람이 태어나면 한양으로 보내라는 말이 있으니 내 비록 여자라도 어찌 한양 땅을 밟아 보지 않을 수 있겠는가. 그렇게 해서 한양에 도착한 다음 남산과 그 아래 도성을 거쳐 세검정, 정릉 등을 다니며 여행의 마지막 대미를 장식합니다.

남장을 벗고 여자로 돌아오다

여행에서 돌아온 김금원은 그 후 어떻게 살았을까요? 남장을 했던 짧은 기간을 거쳐 김금원은 다시 여자로 돌아와야 했습니다. 하지만 안타깝게도 이후 약 10년 정도의 행적에 대해서는 그리 알려진 게 없습니다. 다만 그동안 앵금이라는 기명으로 기생 생활을 했을 거라는 게 연구자들의 판단입니다. 그 당시 남성 양반들이 남긴 글 속에 김금원으로 짐작되는 기생이 앵금이라는 이름으로 활동했다는 기록들이 발견되고 있다는 걸 근거로 삼고 있습니다. 기생 생활을 하던 김금원은 김덕희(金德熙)라는 남자를 만나 그의 소실로 들어갑니다. 김덕희는 추사 김정희의 육촌 형제로, 높은 벼슬자리에 있던 선비입니다. 김금원의 재주와 글솜씨가 김덕희의 마음을 사로잡았을 겁니다. 기생으로 있을 당시의 앵금은 꽤 유명했다고 합니다. 그가 시를 잘 짓는다는 소문을 한양에 있는 선비들이 들어서 알고 있을 정도였다고 하니까요.

김덕희의 사랑을 받게 된 김금원은 남편을 따라 한양으로 삶의 터전을 옮깁니다. 생활이 안정된 다음 어릴 적에 다녀온 금강산 유람기를 글로 기록해 두어야겠다는 생각을 하게 됩니다. 그렇게 해서 금강산을 다녀온 지 꼭 스무 해가 지난 다음인 1850년에 〈호동서락기(湖東西洛記)〉라는 제목의 기행문을 완성했습니다. 글 안에는 유람을 하면서 보고 느낀 감정, 유람지에 얽힌 전설 등을 산문으로 쓴 다음 중간중간 자신이 쓴 시들을 배치했습니다. '호동서락기'라는 제목은 충청도인 호서 지방을 이르는 호(湖), 금강산과 관동팔경이 있는 쪽인 동(東), 평양과 의주 등 관서지방의 서(西), 한양을 가리키는 낙(洛)을 한 글자씩 따서 붙인 이름입니다. 관서지방이 들어간 건 김금원이 남편의 부임지를 따라 의주에 가서 지낼 때 그 주변과 국경지대를 둘러본 내용이 기행문 뒤에 들어가 있기 때문입니다.

조선 시대에 여성들이 쓴 기행문이 아주 없는 건 아닙니다. 하지만 대부분 남편을 따라가거나 시댁 혹은 친정 부근에 다니러 왔다가 근처의 풍광을 보고 지은 글들입니다. 김금원처럼 주체적으로 자신이 여행지를 정한 다음, 그것도 혼자의 힘으로 온갖 어려움을 헤치고 다녀와서 기록한 건 김금원의 기행문이 유일합니다. 그런 의미에서 본다면 김금원을 조선 최초의 여성 여행가라고 부를 수도 있겠네요.

옛일이 스쳐 지나가면 눈 깜짝할 사이의 꿈에 불과하다. 그러니 글로 써서 전하지 않으면 훗날 누가 지금의 금원을 알겠는가. … 유람 중에 읊었던 시들도 흩어져 잃어버릴까 염려하여 간략하게 기록한다.

기행문을 쓰게 된 김금원의 생각이 드러나는 대목입니다. 이러한 기록을 남겼기에 지금 우리가 모험심 가득했던 옛 소녀의 위대한 행적을 마주할 수 있게 되었습니다.

여성 문인들의 모임 삼호정시사

남편인 김덕희는 의주에서 벼슬 생활을 마친 다음 더 이상 벼슬자리에 나아가지 않고 한양으로 돌아와서 조용히 지냅니다. 이때 김금원은 자신이 살고 있는 용산 쪽의 삼호정 부근에서 가까이 지내던 여성 문인들을 모아 시를 짓는 모임을 만들었습니다. 이 모임을 삼호정시사(三湖亭詩社)라고 하는데요. 시사(詩社)란 시를 짓는 사람들의 모임이라는 뜻입니다. 조선 시대에 남성 문인들이 조직한 시사는 많았지만, 여성들만의 시사는 김금원이 만든 삼호정시사가 유일합니다. 모임에 참여한 이들의 수준도 상당히 높아서 남성 문인들과 함께 교류하며 시를 주고받기도 했을 정도랍니다.

예전 삼호정이 있던 자리에는 성당이 자리잡고 있다.

이처럼 김금원은 시대의 한계를 뛰어넘는 활발한 활동을 보여주었습니다. 여성이라는 신분에 갇혀 소극적인 삶을 사는 것이 아니라 적극적으로 자신의 뜻을 세우고 그에 걸맞은 삶을 펼쳐갔습니다. 자신을 비롯해 삼호정시사에 참여한 동료들이 지닌 여러 재주와 시에 대한 자부심도 대단해서 여성들도 얼마든지 주체적인 삶을 살 수 있다는 걸 증명해 보이기도 했고요.

김금원, 비록 황진이처럼 널리 알려지지는 않았지만 그 이름 석 자가 주는 무게는 만만치 않습니다. 어릴 적에 김금원과 같은 꿈을 꾸었던 당시의 소년, 소녀는 많았겠지요. 하지만 누구도 그런 꿈을 현실로 변화시켜낼 생각은 하지 못했습니다. 용기가 결코 남성들만의 전유물이 아니었음을 김금원이 일찍이 보여주었습니다. 우리 역사가 자랑할 만한 위대한 소녀 영웅이었다고 해도 그리 지나친 말은 아닐 겁니다.

5

매티 스테파넥

장애를 딛고 희망과 평화를 노래하다

"어떤 사람이 되든, 어떤 일이 일어나든
나는 내 몸과 마음을 사랑할 거예요."

불치병을 안고 태어난 소년

세상에는 희귀 질환이 참 많습니다. 현대의학으로도 치료하기 힘든 불치병 때문에 고통받는 사람들에 대한 이야기를 더러 들어보았을 텐데요. 그런 병 중에 '근육성 이영양증'이라는 게 있습니다. 근육이 제대로 발달하지 못하고 점점 약해지면서 결국 이른 나이에 죽음에 이르는 무서운 병입니다.

여기 매티 스테파넥이라는 이름을 가진 한 소년이 있습니다. 바로 근육성 이영양증에 걸린 소년입니다. 안타깝게도 자신의 누나와 두 형이 이미 같은 병으로 일찍 세상을 떠났습니다. 누나와 형은 자신이 태어나기도 전에 죽었고, 친하게 지내던 한 살 위의 형도 어린 나이에 하늘나라로 올라갔습니다. 4남매 중에 매티 혼자만 남겨진 셈인데요. 여기서 의문을 품어볼 수도 있을 겁니다. 매티의 어머니는 왜 불치병을 가진 아이들을 계속 낳았을까 하는 점입니다.

매티 어머니 역시 근육성 이영양증 환자라는 걸 매티를 낳고 난 다음에야 알게 됐습니다. 그때 자신의 병이 자식에게 유전되는 병이라는 사실도 함께 전해 들었습니다. 아이들과 달랐던 점은 어머니의 병은 성인이 된 뒤에 증세가 나타나기 시작했다는 건데요. 그제야 자신의 아이들이 왜 이름 모를 병으로 일찍 세상을 떠나야 했는지 알 수 있었습니다. 그런 사실을 알게 되기 전까지만 해도 병원의 의사들은 아이들의 증세가 자신들이 알고 있던 의학 지식과 일치하는 게 하나도 없다는 말만 되풀이했습니다. 그러니 자신의 아이들이 그저 불행한 운명을 타고난 것으로만 여길 수밖에 없었겠지요. 더구나 남편은 그런 가족들을 감당할 수 없다며 떠나버렸으니 매티 어머니 혼자 견뎌야 했을 삶의 무게가 참으로 힘겨웠을 겁니다.

감당하기 어려운 시련이 매티의 가족을 덮친 셈인데요. 매티의 누나와 형들이 일찍 세상을 떠난 것처럼 다들 매티 역시 열 살을 넘기지 못할 거라고 했습니다. 그런 상황 속에서 매티는 자신의 처지와 운명이 얼마나 원망스러웠을까요? 낳아준 어머니뿐만 아니라 자신을 버린 아버지, 가혹한 운명을 안겨준 신까지 모두 원망의 대상으로 삼았을 법합니다. 하지만 매티는 한 번도 그런 원망의 마음을 내비친 적이 없으며, 어머니에 대한 사랑과 신뢰를 잃지 않았습니다. 가톨릭 신앙을 믿으면서 늘 신에 대한 감사의 마음을 표현하는 것도 잊지 않았고요.

매티는 놀라울 정도로 낙천적이고 매사에 긍정적인 마음을 지니고 살았습니다. 1990년에 태어나 2004년에 세상을 떠나기까지, 짧은 시간이지만 강력하고 굵직한 메시지를 세상에 던져주고 간 매티의 삶을 한 번 따라가 볼까요?

매티가 부른 마음의 노래

매티가 어떤 친구였는지에 대해 평가할 수 있는 말은 여러 가지가 있는데, 그중에서 우선 뛰어난 시인이었다는 사실을 빼놓을 수 없습니다.

매티는 글을 알기 전부터 시를 쓰기 시작했다고 합니다. 매티는 한 살 위인 형과 장난도 치며 매우 사이좋게 지냈습니다. 그러다 매티가 세 살 때 형이 죽자 매티에게는 같이 놀아줄 사람이 없었습니다. 어쩔 수 없이 인형이나 레고를 가지고 놀며, 자신의 슬픈 마음을 인형과 레고에게 들려주곤 했다는군요. 상실감과 외로움을 달래기 위해 일종의 역할극 놀이를 하며 그들과 대화를 했던 건데요. 그때 매티의 어머니가 1인 2역을 하며 매티가 중얼거리는 말을 받아 적었다고 해요. 그걸 본 매티는 무얼 적은 거냐고 물었고, 어머니는 사실대로 이야기하며 그동안 자신이 받아적었던 걸 매티에게 읽어주었다고 합니다. 어머니가 읽어주는 자신의 말을 듣고 있던 매티는 그 말들이 마치 한 편의 시 같다는 생각을 했답니다. 낱말이 모여서 이루어진 문장들이 왠지 모르게 위안을 주는 말로 들리기도 했고요. 그다음부터 매티는 머릿속에서 시가 떠오를 때마다 어머니에게 대신 적어달라고 부탁을 했습니다. 때로는 녹음기를 가져다 녹음을 하기도 했고요. 네 살 때부터는 글을 익혀 자신이 직접 시를 썼고, 얼마 후에는 컴퓨터를 배워 스스로 시를 입력하기 시작했습니다.

매티는 자신이 쓴 시들을 가리켜 '마음의 노래(heart songs)'라고 이름 붙였어요. 마음에서 우러나오는 감정을 솔직하게 적은 시들이기 때문에 그 표현이 자신의 시를 나타내는 가장 적당한 말이라고 생각했다는군요. 그게 다섯 살 적의 일입니다. 몇 년 후에 펴내게 되는 시집 제목을 '마음의 노래'라고 했는데, 이미 오래전부터 준비된 제목이었다고 할 수 있겠습니다.

매티가 처음에 쓴 시들은 주로 형을 잃은 슬픔과 외로움에 대한 것들이었습니다. 하지만 모든 시가 그런 건 아니었습니다. 한 살 두 살 나이를 먹어가면서 매티의 시는 점차 밝고 희망찬 색채를 띠면서 세상의 아름다움을 노래하기 시작했고, 사람들에게 희망과 평화를 전해주는 목소리를 담아냈습니다.

매티가 책을 읽고 시만 쓰는 조숙한 소년이었냐고 하면 꼭 그렇지는 않았습니다. 또래 아이들처럼 놀기 좋아하고 장난꾸러기 기질도 지니고 있었으니까요. 온종일 레고 놀이에 빠지는가 하면 비디오 게임을 하고 친구들과 공놀이하는 것도 즐겼습니다.

　매티는 태어난 후 줄곧 병원 생활을 해야 했습니다. 그러다 걸음을 걷기 시작한 얼마 후부터 몸이 조금씩 나아지는 걸 느꼈습니다. 그래서 목에 낀 튜브를 제거해 달라고 부탁했습니다. 튜브 때문에 불편해서 움직이기도 힘들고 아무런 활동을 할 수가 없었거든요. 의사들이 위험하다며 반대했지만 어머니가 매티 편을 들어주어서 튜브를 뺄 수 있었습니다. 이때부터 약 6년 정도 매티에게 가장 자유롭고 활동적인 시간이 주어졌습니다. 그 기간에 친구들과 농구를 하거나 학교에도 다닐 수 있었거든요. 수영과 다이빙도 배웠고, 심지어 한국인 사범에게 합기도를 배워 검은 띠를 따기도 했습니다. 어머니와 함께 여행도 다녔고요. 오래 살 수 없는 불치병을 지닌 환자라고 하기에는 활동량이 무척 많았습니다.

　하지만 병은 몸을 가만두지 않았습니다. 여덟 살 무렵부터 몸에 이상 신호가 오기 시작했고, 아홉 살 때는 전동휠체어를 타야 했습니다. 열 살 무렵부터는 호흡기를 끼고 살아야 했고, 가끔 혼수상태에 빠지기도 했습니다. 더 이상 학교도 다닐 수 없게 된 매티는 낙담을 했을까요? 물론 절망스러운 마음이 들었을 테고, 병원과 집을 오가며 치료받는 과정을 무척 고통스러워했습니다. 그렇지만 매티는 이렇게 말하곤 했습니다.
　"왜 하필 나에게 이런 병이 찾아왔을까? 하지만 아무것도 모르는 다른 아이가 아픈 것보다 내가 아픈 게 더 낫지 않을까?"

그러면서 아직 살아 있다는 사실에 감사하는 마음을 지니려고 했습니다. 또한, 살아 있는 동안 자신에게 주어진 역할을 충실히 하고, 사람들에게 고통 대신 희망을 전해주겠다는 다짐을 하게 됩니다. 절망은 매티에게 어울리지 않는 것이었거든요. 매티는 자신을 소개하는 내용의 시에서 이렇게 말했습니다.

　어떤 사람이 되든, 어떤 일이 일어나든
　나는 내 몸과 마음을 사랑할 거예요.
　다른 사람들과
　많이 다르긴 하지만,
　나는 언제나 행복할 거예요.
　나는 언제나 나니까요.

　나는 언제나 행복할 거라는, 나는 나일 뿐이라는 말은 그냥 나온 소리가 아닙니다. 매티가 평소에 가지고 있던 신념이자 매티를 가장 잘 나타내주는 말이었습니다.

카터와 함께 평화를 외치다

매티가 만 열 살이 되던 2000년에 큰 위기가 찾아왔습니다. 워싱턴 국립 어린이 병원에 입원한 매티의 병은 점점 심해졌고, 의사들은 매티가 얼마 살지 못할 거라고 얘기했습니다. 어쩌면 일주일을 넘기지 못할지도 모르겠다는 말까지 했습니다. 매티를 가엾게 여긴 병원 사람들이 매티에게 마지막 소원을 말해보라고 했습니다. 매티에게서 어떤 소원이 나왔을까요? 오래 살게 해달라고 했을까요? 아니면 장난감을 사달라거나 맛있는 음식을 먹게 해달라고 했을까요? 매티의 입에서 나온 소원은 세 가지였습니다. 소원을 들은 사람들은 모두 깜짝 놀랐습니다.

"첫째, 제 시집을 갖고 싶어요. 둘째, 지미 카터 전 대통령을 만나고 싶어요. 셋째, 오프라 윈프리 쇼에 나가서 내 시집을 소개하고 싶어요."

하나같이 쉽지 않은 소원이었습니다. 지미 카터처럼 대통령을 지낸 사람을 만나는 것도 그렇거니와 오프라 윈프리는 그 당시 미국에서 가장 영향력 있고 잘 나가는 방송 진행자였으니, 거의 불가능에 가까운 소원이었습니다. 마침 병원에 자원봉사를 나왔던 어떤 사람이 매티의 소원을 듣고 시집은 만들어줄 수 있겠다는 생각을 했습니다. 그래서 서둘러 그동안 매티가 써두었던 시들을 모아 '마음의 노래(heart songs)'라는 제목을 붙여 시집 200권을 찍었습니다. 판매를 목적으로 하기보다 매티와 매티 어머니에게 조금이라도 힘이 되어 주고 싶은 마음을 담은 것이었는데요. 병원에서 열린 출판기념회 자리에서 200권이 금방 다 나가고 말았습니다. 뜻밖의 반응에 놀라 부랴부랴 3,000부를 더 찍었고, 시집이 소문나면서 텔레비전 인터뷰까지 하게 되었습니다. 6월에 나온 시집

자신의 시집 출간을 기념하는 저자 강연회에 참석한 매티

은 얼마 안 돼 수십만 부가 팔려나갔고, 그해 10월에는 두 번째 시집까지 내게 됩니다. 매티의 기적이 시작되는 순간이었다고 할 수 있습니다.

매티의 두 번째와 세 번째 소원은 어떻게 되었을까요? 놀랍게도 얼마 후에 지미 카터가 병원으로 매티에게 전화를 걸어왔습니다. 매티의 소원을 들은 누군가 카터에게 말을 전했고, 카터가 선선히 부탁을 들어준 거였습니다. 전화뿐만 아니라 그 후에 직접 카터와 만나서 대화를 나눈 매티는 믿을 수 없다는 표정으로 어머니에게 꿈이 아닌지 볼을 꼬집어 보라고 할 정도였습니다. 오프라 윈프리 쇼에는 다음 해인 2001년에 출연을 하게 됩니다. 이로써 매티의 세 가지 소원이 모두 이루어지게 되었습니다. 놀라운 일이 벌어진 거죠.

매티와 카터의 만남은 이후 특별한 우정으로 이어졌습니다. 서로 전화를 하고 메일로 편지를 주고받는 친구 사이가 되었으니까요. 매티가 지미 카터 전 대통령에게 관심을 갖고 존경하기 시작한 건 일곱 살 때였습니다. 마침 학교에서 자신이 관심을 가질 만한 사람이나 장소, 사물 등을 조사해서 써오라는 숙제를 내주었답니다. 그때 매티가 조사를 한 사람이 바로 지미 카터였습니다. 조사할수록 카터가 얼마나 위대한 사람인가를 알게 되었고, 더욱 존경하는 마음이 들었습니다. 대통령에서 물러난 카터는 세계 각지를 돌아다니며 평화사절단의 역할을 했고, 집 없는 사람들을 위해 사랑의 집 짓기 운동을 펼치는 등 다양한 봉사활동을 하고 있었습니다. 그런 모습이 매티에게 감명을 준 겁니다. 카터 역시 매티와 교류하면서 점차 매티가 가진 매력과 평화에 대한 신념에 푹 빠지게 됩니다.

다행히 건강을 회복한 매티는 시집이 성공한 이후 상당히 바쁜 나날을 보냅니다. 집에서 따로 공부를 하며 인근에 있는 고등학교와 전문대학교의 강의도 들었습니다. 그뿐만 아니라 여러 곳에서 인터뷰 요청이 들어오고 각종 행사에 초대받는 일도 많았습니다. 인터뷰와 강연을 할때마다 매티는 평화의 중요성을 강조했습니다. 그중에서도 3년 동안 미국근육병협회의 홍보대사를 한 것은 매티에게도 매우 뜻깊은 일이었습니다. 근육병 환자의 실태를 알리는 활동을 하는 동안 많은 사람이 협회에 후원금을 보내주어 어려운 환자들에게 도움을 줄 수 있었거든요. 협회에서 진행하는 캠프에 가서 새로운 친구들을 사귀는 즐거움도 누릴 수 있었고요.

하지만 매티가 무엇보다 중요하게 여긴 건 사람들에게 전쟁과 폭력 대신 평화를 선택하도록 호소하는 거였습니다. 매티는 사람들이 왜 전쟁을 일으키는지 알고 싶어 수많은 책을 읽고 영화나 다큐멘터리를 보면서 공부했습니다. 그러면서 평화에 대한 자신만의 사상을 차분히 정리해 나갔습니다. 매티는 평화를 이루는 게 결코 어려운 일이나 막연한 꿈이 아니라고 했습니다. 그러면서 평화를 이룰 수 있는 선택으로 세 가지를 제시했습니다.

첫째, 모든 사람이 평화를 원하는 마음을 갖는 것이 중요하다. 평화는 우리의 마음속에서 시작한다는 걸 잊지 말아야 한다.

둘째, 평화를 삶의 습관으로 삼아야 한다. 일상생활 속에서 사람들과 평화로운 관계를 맺는 게 중요하다.

셋째, 평화를 현실로 선택해야 한다. 함께 평화를 나눌 사람들과 단체를 찾아서 배우고, 어려움에 처한 사람들을 도울 수 있어야 한다.

그러면서 일종의 모자이크론을 펼치는데요. 모자이크는 서로 다른 무늬를 한 작은 조각들이 모여서 전체적으로 아름다운 그림을 만들잖아요. 그렇게 사람들이 흩어지지 않도록 하면서 서로를 이어붙여 평화라는 거대한 모자이크를 만들어야 한다는 거예요. 어린 소년이 펼치는 평화론이 놀랍지 않나요? 이렇게 평화에 대한 자신의 견해를 정리하고 사람들에게 호소하기 시작한 게 막 열 살을 넘어설 때부터였어요.

매티가 카터를 존경한 것도 카터가 국제분쟁 조정을 위해 애쓰고 평화를 위해 세계를 누비고 다니기 때문이었는데요. 하루는 카터와 같은 날(장소는 달랐지만) 평화에 대한 연설을 하고, 그런 사실이 신문에 나란히 실린 적이 있었습니다. 그 기사를 본 매티는 어린애답게 무척 좋아하면서 자랑스러워했지요. 그러던 중 카터가 세계평화에 기여한 공로로 2002년에 노벨평화상을 받았습니다. 노르웨이의 오슬로에서 열린 수상식에 가서도 카터는 매티를 잊지 않았습니다. 카터는 수상 연설 내용 속에 매티가 평소에 자주 하던 말을 담았다고 했거든요. 그뿐만 아니라 수상식장 근처에 있는 동산에서 작은 돌을 하나 주워 매티에게 선물로 보냈습니다. 카터의 선물을 받은 매티의 기분은 당장이라도 하늘로 날아오를 것 같았습니다. 그전까지는 베를린 장벽에서 떨어져 나온 돌덩이를 자신의 보물 1호로 간직하고 있었는데, 카터가 보내온 돌멩이를 새로운 보물 1호로 삼기로 했다고 할 정도니까요.

- - - - - - - - - - - - - - - - - - - -

매티가 그린 꿈의 지도

2001년 9월 11일, 전 세계 사람들을 경악과 충격으로 몰아넣은 사건이 발생했습니다. 알 카에다라는 이슬람 조직에 속한 테러리스트들이 비행기를 납치하여 쌍둥이 빌딩으로 돌진하는 바람에 수천 명의 목숨을 앗

아간, 흔히 9·11테러라고 부르는 사건인데요. 사고가 나기 이틀 전 매티는 근육병협회의 기금 마련을 위해 수백 명의 소방관과 함께 소프트볼 경기를 했다고 합니다. 사건이 일어나자 많은 소방관이 불길과 함께 건물이 무너져 내리고 폭발음이 들리는 아수라장 같은 현장에 투입되었습니다. 한 명의 목숨이라도 더 구해내기 위해서였죠. 그런 과정에서 용감한 소방관들이 많이 희생되기도 했고요. 매티는 함께 소프트볼 경기를 했던 소방관 중에서도 희생자가 나온 게 아닌가 싶어 눈물을 흘리며 무사하기를 바라는 기도를 올렸습니다.

매티는 그날의 참사를 추모는 하되 잔혹한 테러 사건으로만 접근하지는 말아야 한다는 생각을 했습니다. 오히려 그날의 참사를 교훈으로 삼아 해마다 9월 11일을 '세계 교류의 날'로 정하면 어떻겠냐는 견해를 내놓았는데요. 슬픔과 분노에만 젖어 있지 말고 인류가 앞으로 어떤 삶을 살아야 하느냐를 고민하는 계기로 삼는 게 필요하다는 거였습니다. 분노와 그에 따른 보복으로는 폭력의 악순환을 막을 수 없다는 판단을 한 거죠. 어린 소년의 생각이라고 하기에는 매우 깊이 있는 통찰이라고 하지 않을 수 없습니다.

매티는 종교, 인종, 국적, 나이를 뛰어넘어 서로 하나가 되기를 바랐습니다. 서로 싸우는 팔레스타인 사람과 이스라엘 사람이 만나고, 종교가 다른 가톨릭 신자와 이슬람 신자가 만나는 장면을 꿈꾸었던 건데요. 그렇게 교류를 통해 서로 존중하는 법을 배우는 것이야말로 9·11테러의 진정한 극복 방안이 될 거라는 게 매티의 판단이었습니다.

매티는 누군가를 미워하거나 증오하는 법이 없었으며, 테러리스트나 이슬람 세력을 향해 분노와 저주의 말 같은 건 한 번도 하지 않았습니다. 오히려 서로 이해하는 게 필요하다는 생각을 했지요. 매티는 모든 면에서 다양성을 인정하는 게 중요하다고 보았습니다. 그래서 자신은 비록 영세를 받은 가톨릭 신자이지만 다른 종교와 그들이 믿는 신을 존중했습니다. 개신교는 물론 불교 행사에도 참여해서 친구들을 사귈 정도였으니까요. 매티는 종교는 하나의 틀일 뿐이라고 생각했습니다. 모든 종교의 신은 사랑과 평화의 메시지를 전하고 있다고 믿었으며, 종교를 믿지 않는 사람일지라도 마음속에 영성을 간직할 수 있다고 했습니다. 누구도 배척하지 않고 하나가 되는 것, 그게 평화로 가는 길이라는 게 매티의 신념이었습니다.

매티가 죽기 전에 꼭 이루고 싶은 프로젝트가 있었습니다. 그건 자신의 우상인 카터와 함께 평화에 대한 책을 쓰는 일이었습니다. 매티는 평화를 위해 힘쓰고 있는 사람들의 명단을 뽑고, 그들에게 질문할 항목들을 만들었습니다. 그런 다음 카터에게 자료를 보내 내용을 검토해 줄 것을 부탁했습니다. 카터는 그런 매티를 격려하며 응원했고요.

하지만 매티의 꿈은 이루어지지 않았습니다. 2004년이 되면서 매티의 상태는 급작스레 악화되었고, 줄곧 중환자실에서 지내다 열네 번째 생일을 얼마 남겨두지 않은 2004년 6월 22일 세상을 떠나고 맙니다. 매티의 사망 소식이 전해지자 그를 아는 모든 이들이 슬픔에 잠겼습니다.

매티의 어머니로부터 소식을 들은 카터도 매티야말로 진정한 영웅이었다며 애도의 마음을 전해왔습니다. 카터와 함께 내기로 한 책은 비록 완성된 형태는 아니지만 매티가 쓴 글들과 카터와 주고받은 메일을 묶어서 나중에 따로 출판했습니다.

매티가 생전에 남긴 시 중에 이런 구절이 있습니다.

내가 하늘나라로 갔을 때 병이 낫는다 해도,
거기 있는 형, 누나들과 함께 나는 기뻐할 거예요.
그 병을 고치는 방법을 알아내는 데 내 몸도 도움이 됐을 테니,
나는 여전히 행복할 거예요.

시에 나오는 것처럼 매티는 절망이나 좌절 대신 항상 긍정적인 마음을 지니고 있었습니다. 오래 살지 못할 거라는 걸 잘 알고 있었고, 그럼에도 자신에게 주어진 시간을 축복의 나날로 채우려고 했습니다. 죽음 이후에도 여전히 행복할 거라며 맑은 미소를 보여주었던 매티의 짧은 삶을 많은 이들이 기억해주면 좋겠습니다.

6

이크발 마시흐

아동이 노동으로 착취당하는 현실을 고발하다

"어린이들이 언제까지
노동을 해야 합니까?
어릴 적부터 일만 해온 우리는
언제쯤에나 공부를
할 수 있을까요?"

보호받지 못하는 아동노동

아동과 노동이라는 말은 어울릴 수 없는 조합입니다. 아니 어울려서는 안 되는, 어울리지 못하도록 막아야 하는 조합입니다. 노예노동이라는 말도 마찬가지인데요. 거기에 더해 아동 노예노동이라고 하면 얼마나 끔찍한 말이 될까요? 그런데 현실에서는 이런 낱말에 해당하는 일들이 버젓이 벌어지고 있기도 합니다.

여기 네 살의 나이에 공장으로 팔려간 아이가 있는데요. 아동이라고 하기에도 너무 어린 나이잖아요. 아직 엄마 품에서 한창 재롱을 부리며 놀아야 할 어린이가 왜 부모 품을 떠나 공장으로 가야 했을까요? 파키스탄 펀자브 지방의 어느 빈민촌에서 이크발 마시흐라는 어린이가 태어났습니다. 가난했던 그의 아버지는 빚을 갚기 위해 어린 이크발을 카펫을 만드는 공장에 팔아야 했는데요. 그때 아버지가 진 빚이 파키스탄 돈으로 600루피, 우리 돈으로 하면 1만 5천 원이었답니다. 차마 믿기지 않는 일이지만, 우리가 사는 지구 한 모퉁이에서 현실로 벌어진 일입니다.

이크발과 같은 아이가 아주 특별한 예외에 해당하는 걸까요? 우리나라에도 가난한 집에서 태어난 아이들이 많지만 이크발과 같은 경우는 거의 없습니다. 그러다 보니 그런 일이 벌어질 수 있다는 사실 자체가 믿기지 않을 수도 있습니다. 하지만 우리가 사는 세상 바깥으로 조금만 눈을 돌려보면 이크발과 같은 처지에 놓여 있는 아동들이 너무 많습니다. 전 세계에서 아동노동에 시달리는 아이들의 숫자가 얼마나 될까요? 나라마다 사정이 다르고 통계를 내는 것도 쉽지 않지만 유니세프의 보고에 따르면 약 2억 5천만 명에 달한다고 합니다. 주로 아시아와 아프리카, 그리고 남미 쪽에 아동노동이 널리 퍼져 있습니다. 가난한 나라들에서 벌어지고 있는 참상이라고 할 수 있는데요. 나와 무관한 일이라고 하기에는 숫자가 너무 많다고 생각하지 않나요?

아동노동은 서양의 산업혁명 초기에 매우 심했습니다. 공장산업이 급격히 발달하면서 노동력이 부족해지자 어린아이들까지 공장으로 데려가 일을 시켰거든요. 그것도 하루 종일 때로는 밤늦게까지 일을 시켰습니다. 어린아이라는 이유로 임금도 터무니없을 정도로 적게 준 건 말할 것도 없고요. 그러다 보니 아이들이 강제노동에 시달리고 영양실조에 걸려 이른 나이에 병에 걸리거나 죽는 일이 수두룩했습니다. 어른 노동자들이라고 해서 대우가 좋았던 건 아니지만 이제 열 살도 되지 않은 아이들이 감당하기에는 너무 가혹한 일이었습니다. 결국 견디지 못한 노동자들이 공장주들의 억압과 착취에 대항해 들고 일어나기 시작했고, 조금씩 노동조건이 개선되기 시작했습니다. 그러면서 아동노동도 줄어들기 시작했고요. 지금 서양에서 아동노동은 엄격히 금지되어 있고, 법의 보호를 받고 있습니다. 하지만 그로부터 백 년, 이백 년이 지난 지금도 가난한 나라들에서는 아동들이 학교에도 다니지 못한 채 가혹한 노동에 시달리고 있습니다.

- - - - - - - - - - - - - - - - - - - -

노예노동에 시달린 이크발

카펫 만드는 공장을 운영하는 사람은 왜 네 살짜리 아이를 노동자로 데려다 일을 시켰을까요? 불쌍하지도 않았을까요? 네 살짜리가 일을 하면 얼마나 할 수 있을까요? 어른들을 데려다 일을 시키면 훨씬 효율이 높지 않을까요? 여러 의문이 꼬리를 물 텐데요.

카펫 만드는 일은 다양한 종류의 색상을 가진 실로 무늬를 넣어서 짜는 수공업 형태입니다. 방직기가 있지만 발로 페달을 밟아 움직이면서 실을 틀에 걸어주는 북을 좌우로 계속 움직여주며 일을 해야 하는 중노동이 필요합니다. 실로 촘촘한 무늬를 넣고 매듭을 지으려면 어른의 굵은 손가락보다는 어린아이의 가는 손가락이 더 필요했습니다. 더

구나 어린아이들은 반항할 힘이 없어 시키는 대로 일을 하기 때문에 부려먹기에 알맞았고요. 그런 이유들이 카펫 공장 주인들로 하여금 어린아이들을 데려다 일을 시키는 걸 부추긴 셈입니다. 어른에 비해 품삯을 적게 주어도 항의할 줄을 모르니 얼마나 만만했을까요? 어린아이들의 가련한 처지보다 자신들의 이윤이 먼저였기에 죄의식조차 갖지 않은 공장주들이 많았습니다.

카펫 공장에서 노예노동에 시달리고 있는
아이들의 비참한 현실

　이크발은 매를 맞아가며 카펫 만드는 일을 배워야 했습니다. 하루 종일 북과 실을 만지며 일을 해야 하니 여린 손가락에 금방 물집이 잡히곤 했는데요. 물집을 터뜨려가며 일을 하다 보면 그 자리에 굳은살이 배겨 딱딱해졌습니다. 창문도 제대로 달아놓지 않은 공장 시설은 열악하기 짝이 없었고, 방직기 돌아가는 소리는 얼마나 요란한지 옆에서 일하는 친구들과 대화를 나누기도 힘들었습니다. 그런 조건이 아니라도 주어진 분량의 카펫을 짜려면 대화할 시간이 없기도 했습니다. 화장실 가는 시간조차 충분히 주어지지 않았으니까요. 그렇게 하루에 10시간 이상 일을 하면서 받는 일당은 얼마나 됐을까요? 하루에 1루피, 우리

돈으로 25원이었답니다. 도저히 말이 안 되는 임금이잖아요. 말 그대로 착취라는 표현이 딱 어울리는 상황이 아닐 수 없습니다. 공장주들은 먹여주고 재워준다는 명목으로 적은 임금을 주는 걸 합리화했습니다. 훌륭한 기술자로 키우기 위한 거라는 사탕발림도 곁들었고요. 그렇다면 먹을 거라도 제대로 주었느냐 하면 수프에 삶은 콩을 조금 주는 게 전부였습니다.

이크발은 몇 년이나 그런 참혹한 생활을 해야 했습니다. 아무리 어린 아이들이라도 그런 생활을 하다 보면 도망치고 싶다는 생각을 하게 될 겁니다. 어머니 아버지도 보고 싶을 테고요. 이크발도 몇 번이나 도망치고 싶었습니다. 하지만 도망친다는 건 무척이나 어려운 일이었습니다. 혹시라도 도망칠까 봐 아이들 발목에 쇠고랑을 채우는 일도 있었다고 하거든요. 고대의 노예들이 해야 했던 생활 그대로였습니다. 고된 노동에 시달려서 눈물 흘리고, 밤마다 부모님 생각에 또 눈물 흘리고… 하지만 자신의 처지를 바꿀 수 있는 아무런 희망을 가질 수 없었습니다. 혹시라도 부모님이 돈을 들고 와서 빚을 갚고 자신을 데려가 주지 않을까 하는 기대도 가져보았지만 이크발이나 친구들 중 누구에게도 그런 일은 일어나지 않았습니다.

부모들이라고 해서 자식을 그런 곳으로 팔아넘기고 싶지는 않았을 겁니다. 먹고 살길이 없다 보니 눈물을 삼키고 가슴을 치며 아이들을 공장으로 보냈겠지요. 하루에 1루피씩이라도 임금을 받아 부모님이 진 빚을 갚으면 언젠가는 자유의 몸이 되지 않을까? 처음에는 이크발도 그런 생각을 했습니다. 하지만 일을 제대로 못 했다는 이유로 1루피마저 주지 않는 날도 있었고, 부모님은 병든 가족의 치료비를 위해 빚을 더 내야 했습니다. 그러니 이크발이 카펫 공장을 벗어날 길은 어디에도 보이지 않았습니다.

'이렇게 사느니 차라리 죽는 게 낫겠어. 반드시 이곳에서 도망치고 말 거야.'

이크발은 일을 하면서 어떻게 하면 도망칠 수 있을까 고민하는 날들이 많아졌습니다. 만일 도망치다 잡히면 매를 맞고 며칠씩 어두운 창고에 갇혀 굶기는 벌을 받아야 했습니다. 그래서 대부분의 친구들은 도망칠 엄두를 내지 못했습니다. 하지만 이크발은 다른 친구들이 체념하며 불행한 운명에 순응할 때 끝까지 희망을 버리지 않았고, 마침내 기회를 봐서 도망치는 데 성공했습니다.

- -

노예노동해방전선을 만나다

이크발은 며칠 후에 자신이 일하던 공장으로 돌아왔습니다. 도망치는 데 성공해서 자신의 집으로 돌아간 줄 알았던 친구들은 깜짝 놀랐습니다. 그보다 더 놀란 건 공장 주인이었는데요. 도망간 이크발이 제 발로 돌아와서 놀란 게 아니라 이크발 옆에 경찰이 서 있었기 때문입니다.

이크발은 혼자만 자유를 찾는 게 아니라 같이 일하던 친구들에게도 자유를 찾아주고 싶었습니다. 그래서 경찰을 찾아가 신고를 한 다음 경찰과 함께 친구들을 구하러 온 겁니다. 경찰이 공장 주인에게 무언가를 묻고 공장 주인은 당황한 표정으로 변명을 하기 시작했습니다. 그러더니 아이들이 안 보이는 쪽으로 경찰을 데려가서는 한참 동안 무슨 말인가를 주고받았습니다. 그때까지만 해도 이크발과 친구들은 경찰이 왔으니 자신들은 모두 자유의 몸이 될 거라고 믿었을 겁니다. 그런데 어찌 된 일인지 경찰은 이크발을 공장 주인에게 인계한 다음 그냥 공장 밖으로 나가고 말았습니다. 알고 보니 공장 주인이 경찰에게 돈을 찔러주고 그냥 돌려보낸 거였습니다.

이크발은 몰랐지만 그런 일은 흔했습니다. 어린아이들을 불법으로 고용한 공장주들은 설사 재판에 넘겨지더라도 판사들에 의해 무죄로 풀려나거나 가벼운 벌금형으로 그치는 경우가 많았거든요. 서로 뇌물을 주고받는 관계에 있었던 거죠. 어린아이들을 노예처럼 부리는 일이 가능했던 건 그만큼 법이 제대로 작동하지 않고 있기 때문이었습니다. 한편으로는 파키스탄의 주요 생산품이자 수출품 가운데 하나가 카펫이었기 때문에 경제적인 측면을 고려해서 불법행위를 눈감아주는 분위기도 작용하고 있었습니다.

이크발은 매를 맞고 며칠 동안 창고에 갇혔습니다. 그런 다음 예전과 마찬가지로 방직기 앞에 앉아 카펫 짜는 일에 시달려야 했습니다. 예전

보다 감시도 더욱 심해졌고요. 그런 가운데서도 이크발은 다시 탈출할 기회만 엿보았습니다. 그리고 다시 탈출에 성공했습니다. 이크발은 집념이 대단한 소년이었거든요.

탈출에 성공한 이크발은 집으로 가는 대신 라호르라는 도시로 가서 떠돌았습니다. 집으로 돌아가면 분명히 주인이 자신을 잡으러 올 게 뻔했으니까요. 그런 다음 아버지가 진 빚을 핑계로 이크발을 다시 잡아갈 테고, 아버지는 그런 이크발을 지켜줄 힘이 없을 게 분명했습니다.

도시를 떠돌던 이크발은 우연히 노예노동해방전선(BLLF)이라는 단체를 만나게 됩니다. 에샨 칸이 이끄는 이 단체는 파키스탄 각지에서 노예노동에 시달리는 아동들을 구출해 집으로 돌려보내는 활동을 하고 있었습니다. 이들이 거리에서 마이크를 들고 연설하는 걸 본 이크발은 저 사람들이 자신에게 도움을 줄 수 있을 거라는 믿음을 가졌습니다. 이크발은 바로 그들에게 도움을 요청했고, 그들이 단체 사무실 겸 거주공간으로 사용하는 건물로 갔습니다. 그들은 거지꼴이나 다름없는 이크발에게 목욕부터 시킨 다음 먹을 것을 주었습니다. 그리고 이크발로부터 그동안 살아온 이야기를 들었습니다. 그들에게는 이크발의 이야기가 새삼스러운 것이 아니었습니다. 그동안 이크발과 비슷한 처지에 놓여 있던 아이들을 수없이 만나왔으니까요.

이크발로부터 자세한 이야기를 들은 에샨 칸과 동료들은 경찰과 판사를 데리고 이크발이 일하던 공장으로 갔습니다. 공장 주인은 지난번과 상황이 다르다는 걸 인정해야 했습니다. 이크발 혼자 왔을 때는 뇌물이 통했지만 이번에는 그런 방법이 통하지 않았습니다. 같이 온 경찰과 판사도 노예노동해방전선의 활동가들이 지켜보고 있는 데다 눈앞에서 노예노동을 하고 있는 아이들의 모습을 직접 확인한 이상 법대로 처리할 수밖에 없었지요.

공장 주인은 잡혀가고 공장 안에 있던 아이들을 모두 노예노동해방전선의 사무실로 무사히 데려올 수 있었습니다. 이제 아이들을 모두 집으로 돌려보내는 일만 남았습니다. 친구들이 하나둘 자기 집을 찾아 떠나는 동안 이크발은 집으로 돌아가지 않겠다고 했습니다.

"저는 여기 남아서 아저씨들과 함께 불쌍한 친구들을 구하는 일을 하고 싶어요."

그때가 1992년이었고, 이크발은 1983년생입니다. 그러니 당시에 이크발의 나이는 만으로 아홉 살에 지나지 않았지요. 그런 꼬마가 자신들과 같이 활동하겠다고 하니 다들 말릴 수밖에 없었습니다.

"이크발, 우리가 하는 일은 매우 위험한 일이란다. 우리가 거리에서 연설을 할 때마다 얼마나 많은 위협을 받았고, 때로는 폭력까지 당했는지 아니? 심지어 나는 여러 번 감옥에도 끌려갔다 왔고, 지금도 나를 죽이겠다는 협박을 받고 있어. 이런 일은 너처럼 어린애가 할 수 있는 일이 아니야."

에샨 칸은 자신이 하는 일에 대한 신념이 무척 강한 사람이었지만 그렇다고 해서 어린 이크발을 자신의 활동에 참여시킬 수는 없었습니다. 며칠에 걸쳐 이크발을 설득시켜 보았지만 이크발도 결코 물러서지 않았습니다.

"저는 직접 카펫 공장에서 일을 해봤고 아직 어리기 때문에 그런 불법적인 일을 하는 공장에 접근하는 게 쉬울 거예요. 일자리를 구하러 왔다고 하면 주인도 의심하지 않을 거고, 그런 데서 일하는 애들하고 말도 잘 통할 거예요."

결국 에샨 칸은 이크발을 받아들이기로 했습니다. 이크발은 노예노동해방전선이 세운 학교에 다니면서 글을 배우고, 노예노동해방전선 활동가들의 모임이나 회의에 참여하기 시작했습니다. 그러면서 파키스탄에만 노예노동에 시달리는 아이들이 700만 명이나 된다는 사실과 카펫 공장뿐만 아니라 벽돌공장이나 커다란 농장 같은 곳에서도 고된 노동과 착취에 시달리는 아이들이 있다는 사실을 알게 되었습니다.

이크발은 거리에 나가서 자신이 카펫 공장에서 얼마나 고통을 받으며 일했는지에 대한 증언과 자신과 같은 처지에 있는 아이들을 구출해야 한다는 내용의 연설을 했습니다. 그리고 도시 외곽에서 불법적으로 공장을 운영하는 공장들을 찾아다니며 자료를 모으고 고발하는 일을 했습니다. 카메라를 구해 달라고 해서 증거가 될 사진들을 찍기도 했고요. 그런 과정에서 카메라를 뺏기거나 폭력을 당하기도 했지만 이크발의 활동은 멈추지 않았습니다. 이크발 덕분에 많은 어린이가 지옥과도 같은 공장에서 빠져나올 수 있었습니다. 한편 이크발은 어린이카펫노동자협회를 만들어 회장을 맡으면서 활동의 폭을 넓혀갑니다. 그러는 동안 종종 에샨 칸뿐만 아니라 이크발 앞으로도 협박 편지가 날아들곤 했습니다.

이크발의 활동이 알려지면서 이크발의 연설 사진이 신문에 실리는 등 용감한 소년이라는 말을 듣기 시작했습니다. 외국의 신문기자가 찾아와 인터뷰를 하는 일도 있었고요. 그러던 어느 날 에샨 칸은 이크발에게 놀라운 소식을 전해주었습니다.

- - - - - - - - - - - - - - - - - -

영광 뒤에 찾아온 죽음

"이크발, 네가 미국의 리복이라는 회사가 세운 국제인권재단에서 주는 '행동하는 청년상'을 받게 됐어. 그동안 네가 어린이들의 노예노동을 고발하고 어린이들을 구해낸 공로를 인정해서 주는 상이야. 그 상을 받으러 미국에 가야 해."

에샨 칸은 이어서 다른 놀라운 사실도 함께 전했습니다.

"미국에 가기 전에 스웨덴부터 들러야 해. 거기서 노동문제에 대한 국제회의가 열리는데 연설자로 너를 초청했거든."

이크발은 어리둥절했습니다. 갑자기 세계 여기저기서 자신을 부르고 상까지 준다고 하니, 얼마 전까지만 해도 꿈도 꿀 수 없었던 일이 벌어진 겁니다. 기쁘기도 했지만 한편으론 두렵고 떨렸습니다. '내가 거기 가서 무슨 말을 해야 할까? 괜히 창피만 당하는 게 아닐까? 내가 한 일이 그런 상을 받을 만한 일일까?' 그런 걱정 속에서도 이크발은 연설문을 작성하고 낭독하는 연습을 했습니다.

이크발이 연설장에 오르자 사람들은 깜짝 놀랐습니다. 연설자가 파키스탄에서 온 어린아이라는 건 알았지만, 보통의 아이들보다 키가 훨씬 작았기 때문입니다. 이크발은 워낙 어릴 적부터 좁은 공장 안에서 쭈그리고 일을 하는 바람에 키가 자랄 틈이 없었던 겁니다. 그렇게 작고 허리마저 구부정한 아이가 세계에서 모인 노동문제 전문가들 앞에서 마이크를 잡았습니다.

지금 이 시간에도 세계 여러 곳에서 노동을 하고 있는 어린이들을 대신해서 여러분에게 묻고 싶습니다. 어린이들이 언제까지 노동을 해야 합니까? 어릴 적부터 일만 해온 우리는 언제쯤에나 공부를 할 수 있을까요? 정부는 어디서 무엇을 하고 있나요? 언제까지 기다려야 하나요? 사람들은 가난 때문이라고 합니다. 하지만 가난은 어린이들에게 일을 시키기 위한 핑계 아닌가요?

이크발의 연설을 들은 사람들은 모두 일어나 힘찬 박수를 보냈습니다. 무사히 연설을 마친 이크발은 미국 보스턴에 가서 상을 받고 돌아왔습니다. 미국에 있는 한 대학교에서는 대학을 마칠 때까지 장학금을 주겠다고 했습니다. 이크발은 대학 공부를 마치고 변호사가 되어 사회에 정의를 실현하는 사람이 되고 싶었습니다. 하지만 이크발의 꿈은 이루어지지 않았습니다.

미국에서 돌아온 이크발은 얼마 뒤에 고향을 방문했습니다. 대부분 이슬람을 믿는 파키스탄에서 이크발의 집안은 기독교를 믿었고, 마침 부활절을 앞두고 있는 시기였습니다. 이크발은 고향에 돌아가서 부활절 축제를 즐기며 모처럼 한가하고 행복한 시간을 보냈습니다. 그러던 중 자전거를 타고 집으로 돌아오는 길에 자동차를 타고 온 괴한이 총을 쏘았고, 이크발은 그 자리에서 숨을 거둡니다. 1995년 4월 16일, 이크발이 만 열두 살이 되었을 때의 일입니다. 모든 사람이 이크발의 활동에 불만을 품은 카펫 제조업자들의 소행일 거라고 했으나 경찰은 단순 총기 사고로 처리하고 말았습니다.

이크발의 장례식이 벌어지던 날 파키스탄의 라호르 거리에 3,000명의 어린이가 나와서 이크발의 죽음을 추모하고 살인 행위를 규탄하는 행진을 벌였습니다. 서양의 여러 나라에서는 파키스탄에서 생산하는 카펫을 수입하지 않기로 결의했고, 파키스탄 의회는 어린이들의 노예노동을 금지하는 법률을 통과시켰습니다. 이런 움직임은 파키스탄 밖으로 퍼져 나가 인도와 네팔 등에서도 아동노동을 금지하는 법률과 기구를 만들었습니다. 미국의 중학생들은 모금을 해서 파키스탄에 이크발을 위한 학교를 세웠고요.

몇 년이 지난 2000년에 이크발은 제1회 세계 어린이상을 받게 됩니다. 세계 어린이상은 뛰어난 업적을 남긴 어린이들에게 주는, 어린이들을 위한 노벨상이라고 부르는 상입니다. 이크발에게 가장 먼저 상을 수여한 건 그만큼 이크발의 죽음을 안타깝게 여기면서 그가 펼친 숭고한 뜻을 기리기 위함이었습니다.

　이크발 덕분에 세계 여러 나라에서 노예노동에 시달리던 어린이들이 공장을 벗어나 학교에 다닐 수 있게 되었습니다. 하지만 여전히 노예노동에 시달리는 어린이들의 숫자는 너무 많습니다. 그들에게 지옥 같은 세상이 아니라 자유와 행복의 빛이 찾아드는 세상을 만들어주어야 할 의무가 우리 모두에게 있지 않을까요?

7

크레이그 킬버거

어린이에게 자유를!

'지금 내가 할 수 있는 일이 뭘까?'
Free The Children!
(어린이에게 자유를!)

가슴 속으로 들어온 이크발

이크발이 제1회 세계 어린이상을 받은 지 몇 년 후에 7회 수상자로 캐나다에 사는 소년 크레이그 킬버거가 같은 상을 받게 됐는데요. 이 소년이 세계 어린이상을 받게 된 건 이크발 덕분이라고 해도 그리 틀린 말이 아닙니다. 그렇다면 이크발과 크레이그 킬버거는 어떤 관계가 있을까요? 지구 반대편에 해당할 만큼 거리도 먼 나라에서 살고 있는데 말이죠. 사람은 누구나 다른 사람의 영향을 받으며 살아가는데, 크레이그의 삶에 부모 다음으로 가장 큰 영향을 미친 건 이크발입니다.

캐나다 토론토에서 평범하게 학교에 다니며 살고 있던 크레이그는 어느 날 신문을 보다가 깜짝 놀랄 만한 기사 하나를 보게 됩니다. 파키스탄이라는 나라에 사는 어린 소년 이크발이 괴한에게 총을 맞아 사망했다는 기사였습니다. 이미 세계적으로 유명했던 이크발이었기에 캐나다 같은 먼 나라 신문기사에도 그날의 비극적인 사건이 실리게 된 건데요. 크레이그로서는 몇 번을 거듭 읽어도 도무지 이해할 수 없는 내용이었습니다. 노예노동이라니! 아직도 노예가 존재한다는 말이 믿기지 않은 것은 물론 사망한 아이가 자기 또래라는 것을 알고 더욱 놀랐습니다. 어떻게 이런 일이 있을 수 있을까? 궁금증을 참지 못한 크레이그는 어머니에게 신문에 난 기사를 보여주었습니다. 그러자 어머니는 노동에 시달리는 어린아이들이 세계 곳곳에 있다는 이야기를 들려주었습니다.

그날 이후 크레이그의 머릿속에서 이크발이라는 이름이 떠나지 않았습니다. 크레이그의 부모는 아이들을 주체적이고 독립적인 사람으로 키우고 싶어 하는 분들이었습니다. 그런 영향을 받아 크레이그는 어릴 때부터 책과 신문을 가까이하며 살았는데요. 그런 크레이그에게도 어린아이들이 노예노동에 시달린다는 말은 낯설면서 충격적이었습니다. '나는 여기서 좋은 부모님을 만나 즐겁게 살고 있는데, 내가 만일 파키스탄에서 태어났으면 어떤 삶을 살고 있을까?' '나는 지금까지 너무 걱정 없이 편안하게만 살아온 게 아닐까?' 이런 생각들이 계속 찾아들면서 괜히 미안하고 부끄러웠습니다.

그때부터 크레이그는 도서관 등에서 책을 빌려 아동노동에 대한 글과 자료들을 찾아 읽기 시작합니다. 조사를 할수록 새로운 사실들을 알게 됐고, 한편으로는 21세기를 코앞에 둔 지금도 왜 이런 일이 벌어지고 있는지 알 수 없었습니다. 어떻게 하면 그런 친구들을 도울 수 있을까 고민했지만 어린 나이에 어떤 일을 할 수 있을지 딱히 떠오르는 생각이 없었습니다. 하루는 그런 고민을 부모님께 말씀드려 보았습니다. 부모님도 뚜렷한 방법을 일러주지는 않았지만 세상에 해결할 수 없는 문제는 없다는 말을 들려주었습니다.

'지금 내가 할 수 있는 일이 뭘까?'
다시 고민에 빠진 크레이그는 자신이 그동안 모은 자료들을 정리하는 일에 매달렸습니다. 어느 정도 정리가 끝난 다음 학교에서 선생님께 부탁을 했습니다. 반 친구들에게 꼭 들려줄 말이 있으니 자신에게 발표할 시간을 주면 좋겠다고요.

Free The Children!

친구들 앞에 선 크레이그는 떨리는 마음을 가라앉히고 자신이 그동안 조사한 자료를 바탕으로 전 세계에서 얼마나 많은 어린이가 학교 대신 공장에서 고된 노동에 시달리고 있는지 설명하기 시작했습니다. 물론 이크발에 대한 얘기도 빼놓지 않았고요. 자신의 마음을 친구들이 과연 얼마나 이해하고 알아줄까 걱정이 되었지만 꼭 알려야 할 일이라고 생각했습니다. 이런 슬픈 현실을 자신만 알고 있으면 안 된다고 생각했으니까요.

발표를 마친 크레이그는 이 문제에 관심이 있는 친구들은 방과 후에 자신의 집으로 와달라는 부탁의 말을 전했습니다. 쉬는 시간에 친구들이 다가와 이런저런 질문을 하는 바람에 그날 크레이그는 무척 바쁜 하루를 보내야 했습니다. 그리고 오후에 자신의 집으로 몰려온 친구들을 보고 감격했습니다. 친구들과 함께 이야기를 나누며 앞으로 자신들이 어떤 일을 할 수 있을지 의논하기 시작했습니다. 일단 더 많은 친구에게 아동노동의 현실을 알려야 한다는 데 서로 의견이 일치했습니다. 그리고 청소년 실천 네트워크라는 단체에서 개최하는 인권 박람회에 참여하기로 했습니다.

행사장에 부스 한 칸을 배정받기로 한 다음 친구들과 함께 그곳에 전시할 자료를 만드는 일에 매달렸습니다. 친구뿐만 아니라 형 마크 크레이그도 동생을 도와 함께 활동하기로 했고요. 어떤 내용의 자료를 어떤 모양으로 만들까를 논의하다가 한 친구가 단체 이름을 만들어야 하지 않겠느냐고 했습니다. 그때부터 어떤 이름이 좋을지 다양한 의견들을 주고받았습니다. 그러던 중 크레이그가 내놓은 이름에 다들 그게 좋겠다며 호응을 했는데요. '어린이에게 자유를(Free The Children, 약칭 FTC)'이라는 단체 이름이 탄생하는 순간이었습니다. 앞으로 FTC가 세계적인 명성을 얻는 단체가 되리라고는 아무도 예상하지 못했습니다. 이제 겨우 열두 살 정도의 초등학생 10여 명이 모여서 만든 단체에 지나지 않았으니까요.

행사 당일 크레이그와 친구들은 하드보드지에 만든 자료와 홍보물 등을 가지고 행사장에 도착했습니다. 그런 다음 부스를 설치하고 홍보에 들어갔는데요. 다른 부스들에 비해 초라한 건 어쩔 수 없는 일이었지요. 그래도 찾아와서 관심을 보이며 격려하는 사람들이 있었습니다. 그런데 대부분의 사람이 지도교사가 누구냐고 묻는 거였습니다. 지도교사는 없고 오로지 어린이들끼리 만들어 활동하는 단체라고 하자 다들 놀라는 눈치였습니다.

이 행사를 기획하고 진행한 사람은 20대 중반의 알람 라만이었습니다. 알람은 캐나다에서 나고 자랐지만 부모님은 방글라데시 출신인 이주민이었습니다. 대학을 졸업한 다음 사회운동가의 길로 들어선 사람이었는데요. 크레이그를 만난 알람은 앞으로 크레이그와 FTC의 활동을 적극적으로 도와주겠다는 약속을 했습니다. 크레이그에게 최대의 지원군이 나타난 겁니다.

전시회 행사를 마친 뒤에 FTC 회원들은 본격적인 활동을 펼치기 시작합니다. 세계 여러 나라의 인권 단체와 기업, 그리고 토론토 시장 등에게 홍보물을 보내고 어린이들의 노동을 막아달라는 편지를 보냈습니다. 활동 자금 마련을 위해 바자회를 열기도 했고요. 그러는 한편 인근의 다른 학교에도 홍보물을 보내며 자신들의 활동을 알리기 위한 시간을 마련해줄 것을 요청했습니다. 몇몇 학교에서 긍정적인 반응을 보내왔고, 크레이그와 친구들은 학교를 돌아다니며 아동노동의 문제점을 알리고 해결하는 데 함께 힘을 모으자는 내용의 강연을 하게 됩니다. 덕분에 FTC 활동을 같이하고 싶다는 친구들이 점차 늘어났습니다. 단체 규모가 조금씩 커지기 시작한 거죠.

그렇게 매우 바쁜 날들을 보내던 어느 날 초등학교뿐만 아니라 고등학교에서도 강연 요청이 들어왔습니다. 그런데 고등학생들은 확실히 달랐습니다. 가난한 나라에서 아이들이 노동을 하지 않으면 굶어 죽거나 구걸을 해야 할 텐데 그에 대한 대비책은 있느냐? 캐나다에도 가난하고 불쌍한 사람들이 많은데 그런 사람들부터 보살펴야 하는 거 아니냐? 노동을 하는 어린이들을 직접 만나본 적은 있느냐? 생각지 못했던 질문들이 나오자 당황해서 제대로 된 답변을 하기 힘들었습니다. 더 많은 공부와 고민이 필요하다는 걸 깨닫는 계기가 되었다고 할까요. 방법은 더 열심히 자료를 찾고 현실적인 실천 방안들을 마련하는 수밖에 없었습니다. 어렵다고 포기할 수는 없었으니까요.

어린이 노동자들을 만나러 가다

어느 날 알람이 뜻밖의 제안을 해왔습니다. 자신이 두 달 정도 방글라데시를 비롯해 남아시아 지역을 돌아보러 갈 건데, 같이 갈 수 있겠냐는 거였습니다. 그러잖아도 활동을 계속하려면 직접 현장에 가서 아동노동의 실태를 알아보고, 그들을 만나 생생한 이야기를 들어볼 필요가 있겠다는 생각을 갖고 있던 참이었습니다. 마음은 당장이라도 달려가고 싶지만 문제는 부모님이 허락해 줄 것인가 하는 점이었습니다. 지금까지는 크레이그가 하는 활동에 부모님이 응원을 보내주고 있었지만 이웃 도시도 아니고 지구 건너편에 있는 아시아까지 다녀오겠다고 했을 때 반대할 건 뻔했습니다. 크레이그는 아직 너무 어린 나이였으니까요.

부모님께 이야기를 꺼내자 예상대로 절대 안 된다는 답변이 돌아왔습니다. 나아가 이제 그만 활동을 정리하고 공부에 집중한 다음 나중에 성인이 돼서 다시 활동을 이어가면 어떻겠냐는 말도 했습니다. 어떤 위험이 닥칠지도 모르는데 어린아이를 머나먼 외국 땅으로 보낼 부모는 거의 없을 겁니다. 그렇다고 해서 포기하기에는 너무 아까운 기회라는 생각에 크레이그는 알람을 부모님께 데리고 와서 여행의 목적과 안전을 위한 대책까지 상세하게 설명해가며 허락을 받기 위해 노력했습니다.

결국 부모님은 크레이그의 애원과 설득에 여행을 허가합니다. 단, 여행에 필요한 경비는 스스로 마련하라는 단서를 달았는데요. 참 대단한 부모가 아닐 수 없습니다. 스스로의 힘으로 할 수 있으면 하고, 그렇지 못할 것 같으면 아예 시작하지 말라는 건데요. 다른 친구 같으면 도와주지 않는 부모님을 원망할 법도 하지만 크레이그는 허락해준 것만으로도 고마웠습니다. 다음 날부터 크레이그는 이웃집을 돌아다니며 잔디 깎거나 소소한 일들을 해주고 돈을 받는 아르바이트를 하기 시작합니다. 사정을 전해 들은 이웃들은 약속한 금액보다 많은 돈을 주기도 했습니다. 그러는 한편 여행 일정을 짜고, 방문할 지역에 대한 사전 조사까지 하느라고 정말 바쁘고 힘든 시간을 보내야 했습니다. 그렇게 해서 드디어 비자 신청을 하고 예방주사도 맞는 등 만반의 준비를 모두 마쳤습니다.

그러자 흥분과 두려움이 동시에 밀려왔습니다. 내가 과연 잘 해낼 수 있을까, 아무도 모르는 나라에 가서 사고라도 당하는 건 아닐까, 출국 날짜가 다가올수록 걱정이 커졌습니다.

'알람 형이 잘 도와줄 거야. 그러니 너무 겁먹지 말자.'

불안한 마음을 다잡으며, 아시아의 어린 노동자 친구들을 만나면 물어볼 말을 머릿속으로 다시 정리해보기도 했습니다. 단순한 여행이 아니므로 최대한 많은 것을 보고 느끼는 기회로 삼아야 했습니다. 크레이그가 아시아를 여행하는 동안 캐나다 안에서는 FTC 회원들이 활동을 이어가며 크레이그를 지원해 주기로 했습니다.

드디어 출국하는 날, 공항에서 크레이그는 걱정스러운 마음에 눈물을 흘리는 어머니와 가족에게 작별 인사를 하고 비행기에 올랐습니다. 토론토 하늘을 가로질러 비행기는 네덜란드 암스테르담으로 향했고, 거기서 비행기를 갈아탄 뒤 방글라데시의 다카로 갔습니다. 비행기 안에서도 크레이그는 불안하고 초조했습니다. 왜냐하면 같이 출발하기로 했던 알람이 다른 일로 먼저 방글라데시에 가 있었기 때문입니다. 그러니 아무 보호자도 없이 크레이그 혼자 비행기를 갈아타며 방글라데시까지 가야 했던 겁니다.

무사히 방글라데시에 도착한 크레이그는 공항에 마중 나와 있는 알람을 만나자 스무 시간 넘게 비행기를 타고 오면서 느꼈던 긴장이 한꺼번에 풀렸습니다. 이제 알람과 함께 7주 동안 남아시아 일대를 돌아다니는 일만 남았습니다. 이크발에게 에샨 칸이 있었다면 크레이그에게는 알람이 든든한 후원자로 곁을 지켜줄 거였습니다.

남아시아에서 만난 아동노동의 현실

다카는 방글라데시의 수도입니다. 그런 만큼 사람도 많고 복잡했지만 거기서 만난 빈민가의 모습은 상상했던 것보다 심각했습니다. 캐나다에서는 볼 수 없는 풍경들과 마주칠 때마다 당황스럽고 마음이 아팠던 걸 어찌 잊을 수 있을까요. 그럼에도 웃음을 잃지 않는 그들의 모습에서 친근감을 느끼기도 했습니다. 하지만 첫 도착지인 다카에서 본 풍경은 시작에 지나지 않았습니다.

방글라데시를 떠나 타이의 방콕으로 갔고, 거기서는 술집에서 일하는 어린 여자아이들을 만났습니다. 이어서 인도의 콜카타로 갔는데, 거기서는 마침 아동노동에 반대하는 사람들이 모여 거리 시위를 하고 있었습니다. 크레이그도 알람과 함께 시위대 속으로 들어가 함께 행진하며 구호를 외쳤습니다. 인도에서는 폭죽 만드는 공장에서 일하는 어린이들이 많았는데요. 폭약을 다루는 공장이다 보니 폭발사고가 자주 일어났습니다. 그 과정에서 팔다리가 잘리거나 목숨을 잃는 일도 많았고요. 폭발사고로 두 아들을 잃은 어머니의 이야기를 들었을 때는 마음이 아파 뭐라고 할 말을 잇지 못했습니다.

콜카타에서 잊지 못할 일은 평생 빈민들을 위해 일하는 마더 테레사 수녀님을 만난 일이었습니다. 테레사 수녀님에 대해서는 이미 많은 이야기를 들어서 알고 있었는데요. 여기까지 온 김에 수녀님을 꼭 만나고 싶었습니다. 무작정 수녀님이 계신 '사랑의 선교회'를 찾아갈 때만 해도 과연 만날 수 있을지 몰랐으나 운이 좋게도 직접 수녀님을 만나 대화를 나눌 수 있었습니다. 수녀님은 이미 나이가 많이 드셔서 주름진 얼굴에 생각보다 훨씬 작은 체구를 지니고 계셨습니다. 크레이그는 자신이 인도까지 온 이유와 FTC의 활동에 대해 설명하고, 수녀님으로부터 격려와 축복의 말을 들을 수 있었습니다. 테레사 수녀님을 만나게 된 행운은 이후 어려움을 겪을 때마다 주저앉지 않고 헤쳐 갈 수 있는 힘이 되었습니다.

네팔에 가서 어린이 노동자들을 만나고 다시 인도로 온 크레이그는 마침 같은 시기에 캐나다의 총리가 인도의 델리를 방문한다는 소식을 들었습니다. 크레이그는 총리를 만나 아동노동 문제에 대해 설명하고, 인도 총리를 만날 때 아동노동 문제를 제기해 줄 것을 부탁하면 좋겠다는 생각을 했습니다. 하지만 총리가 바쁜 외국 순방 일정 중에 어린 소년을 만나주려 할 것 같지 않았습니다. 그래도 시도는 해봐야겠다고 마음먹었고, 캐나다에 남아 있는 FTC 회원들도 총리 앞으로 편지를 보내서 응원해 주기로 했습니다. 여행 중에도 FTC 회원들과 계속 연락을 주고받으며 소식을 전하고 있었거든요. 하지만 총리의 비서관들은 시간을 내줄 수 없다는 답변을 보내왔습니다.

크레이그와 알람은 고민 끝에 따로 기자회견을 열기로 했습니다. 인도에서 활동하는 인권단체들의 도움을 받아 기자회견장을 마련하고, 크레이그와 함께 인도에서 알게 된 아이들도 발언자로 내세웠습니다. 기자들이 과연 몇 명이나 올까? 다들 총리가 다니는 곳을 따라다니느라 바쁠 텐데, 기자회견장이 썰렁하지는 않을까? 그런 걱정을 하며 기자회견장에 도착했더니 생각보다 많은 기자가 찾아주었고, 텔레비전 방송국의 카메라도 돌아가고 있었습니다. 그날 인도의 어린이들이 전한 생생한 이야기는 기자들에게 깊은 인상을 남겼습니다. 그중에도 다섯 살 때부터 노동을 시작했다는 모한의 이야기는 기자들에게도 충격을 주었던 모양입니다. 눈물을 글썽이는 기자들도 있었을 정도니까요.

무사히 기자회견을 마친 후 캐나다 방송국에서 크레이그의 기자회견 소식을 뉴스로 전했다는 걸 알게 됐습니다. 그렇게 성공적인 기자회견을 마치고 이번에는 파키스탄으로 갔습니다. 그곳은 바로 크레이그가 아동노동 문제에 관심을 갖도록 해준 이크발이 살던 나라입니다. 크레이그는 이크발의 고향으로 가서 이크발의 무덤을 둘러보고 이크발의 어머니를 만나 이야기를 나누었습니다. 인도에 머물 때 만나고 싶었던 캐나다 총리도 파키스탄으로 넘어와 있었고, 우여곡절 끝에 총리를 만나 15분 동안 면담을 하며 아동노동 문제에 대해 관심을 가져줄 것을 부탁했습니다.

7주간의 일정을 마쳤으나 크레이그는 여행을 더 이어가고 싶었습니다. 더 많은 아이를 만나고 더 많은 현장을 돌아다니면서 경험의 폭을 넓히고 싶은 마음이 가득했거든요. 전화로 캐나다에 있는 어머니에게 그런 뜻을 전했으나 어머니는 허락하지 않았습니다. 어린 아들이 너무 걱정되었기 때문입니다. 어쩔 수 없이 크레이그는 아쉬움을 안고 캐나다행 비행기를 타야 했습니다.

- - - - - - - - - - - - -

나에서 우리로!

캐나다로 돌아오자 수많은 인터뷰 요청이 몰려들었습니다. 어린 소년이 아시아까지 직접 가서 아동노동 문제 해결을 위해 활동한 모습이 캐나다 사람들에게 깊은 인상을 주었던 겁니다. 그런 관심은 캐나다뿐만이

크레이그는 단체 이름을 위 채리티(We Charity)로 바꾸어 활동을 이어가고 있다.

아니었습니다. 세계 여러 나라에서도 크레이그와 FTC의 활동을 취재하러 캐나다까지 왔으니까요.

　인터뷰와 강연으로만 바쁜 건 아니었습니다. 아시아에서 직접 보고 겪은 아동노동의 참상을 알리고 그들을 구해내기 위한 실질적인 활동을 해야 했거든요. 크레이그는 아시아의 현장들을 돌아다니면서 결심한 대로 FTC 활동의 폭을 넓혀가기 시작했습니다. 다행히 크레이그에게 힘을 실어주기 위해 여기저기서 많은 후원을 보내주었습니다. 회원들이 대폭 늘어난 건 말할 것도 없고요. 그런 힘을 바탕으로 홍보 활동뿐만 아니라 고통받는 전 세계의 어린이들을 직접 돕는 활동에 나설 수 있었습니다. 그 결과 지금까지 세계 여러 나라에서 어린이들을 위한 학교 400개 정도를 지어주었고, 100만 명 이상의 어린이들에게 경제적 도움을 줄 수 있었습니다. 어린이들이 만든 단체가 이토록 놀라운 성과를 거둘 수 있었다는 건 기적과도 같은 일이었습니다.

이런 활동을 인정받아 크레이그는 세계 어린이상과 미국에서 주는 루스벨트 자유상을 받았고, 세계경제포럼이 선정한 '내일의 세계 지도자'에 선정되었습니다. 함께 활동했으며 크레이그에게 항상 힘이 되어 주었던 형 마크와 함께 캐나다 정부가 주는 훈장도 받았고요. 비록 수상을 하지는 못했지만 노벨평화상에 세 번이나 후보로 오르기도 했습니다.

Free The Children, 어린이에게 자유를! 크레이그와 친구들이 외쳤던 이 구호는 전 세계 어린이들뿐만 아니라 어른들의 가슴을 파고들었습니다. 지금은 단체 이름을 위 채리티(We Charity)로 바꾸어 활동을 이어가고 있습니다. 나 하나가 아닌 '우리'가 힘을 모아 어려운 사람들을 돕는다는 취지를 담은 이름입니다. 그런 뜻을 담아 형 마크와 함께 '나에서 우리로'라는 제목의 책을 펴내기도 했는데요. 우리의 힘을 믿는 것, 그 안에 이 글을 읽는 독자 여러분도 당연히 포함되어야겠죠?

8
켈빈 도우

발명으로 아프리카에 꿈과 희망을 심어주다

"제가 만들 다음 발명품은
사람들이 사용하는 전기를 생산해서
공급해주는 풍력 발전기를
만드는 겁니다."

시에라리온에서 난민의 자녀로 태어나다

시에라리온이라는 나라 이름을 들어보았나요? 아프리카 서쪽에 있는 작은 나라인데요. 아프리카 대부분의 나라는 서양의 식민지 지배를 받았습니다. 시에라리온 역시 오랫동안 영국의 식민지로 지내다 1961년에 독립국가를 이룰 수 있었습니다. 하지만 오랜 독재와 내전으로 인해 지금도 세계에서 가장 가난한 나라 중의 하나로 꼽힙니다. 시에라리온은 보크사이트와 티타늄 등 광물 자원이 풍부한 나라입니다. 특히 다이아몬드가 많이 나오는 곳으로 유명한데요. 하지만 이 다이아몬드가 오히려 시에라리온 사람들을 비극으로 몰고 갔습니다. 내전 중에 서로 다이아몬드 광산을 차지하기 위해 피비린내 나는 싸움을 벌이곤 했거든요. 그래서 '블러드 다이아몬드(blood diamond)', 즉 '피의 다이아몬드'라는 말이 생길 정도였습니다.

그런데 하필이면 그런 나라로 이주해 온 사람이 있습니다. 이 글에서 살펴볼 켈빈 도우라는 친구의 어머니인 아주아 다니엘인데요. 시에라리온의 바로 옆 나라인 라이베리아에서 왔습니다. 라이베리아에서는 부패한 독재 정권에 맞서기 위해 반군이 결성되면서 오랜 내전에 시달렸습니다. 정부군과 반군 사이에 치열한 전투가 계속되었고, 다니엘의 남편이 내전에 휘말려 사망했습니다. 남편을 잃은 데다 내전으로 나라가 어지럽다 보니 여자 혼자 아이들을 키우기가 어려워 이웃 나라로 살길을 찾아온 겁니다. 먹고살 길을 찾아 자신의 나라를 떠나온 난민이라고 할 수 있겠습니다. 그렇다고 해서 새로 찾아온 나라가 부유하거나 정치 상황이 좋은 것도 아니었습니다. 시에라리온 역시 내전을 겪고 있었거든요. 그럼에도 다니엘이 선택할 수 있는 나라는 많지 않았습니다. 가난한 여자가 아이들을 데리고 먼 나라까지 이주할 형편은 되지 않았으니까요.

　다니엘은 시에라리온의 수도인 프리타운에 자리를 잡았습니다. 아무래도 사람이 많은 도시에 살아야 일거리를 잡기가 쉬웠기 때문입니다. 프리타운에서 다니엘은 한 남자를 만났고, 둘 사이에서 켈빈 도우가 태어났습니다. 그러자 다니엘이 이전에 낳은 자식, 그리고 자신과의 사이에서 새로 태어난 자식까지 돌봐야 할 생활력과 책임감이 없었던 남자는 가족을 버리고 떠나버립니다. 어쩔 수 없이 도우는 홀어머니와 다른 아버지에게서 태어난 4명의 형제와 힘겨운 생활을 해야 했는데요. 그런 가운데서도 다행히 도우는 비뚤어지거나 못된 길로 빠지지 않았습니다.

도우는 열심히 일하는 어머니 덕분에 학교에는 다닐 수 있었습니다. 학교를 마치면 도우가 항상 달려가는 곳이 있었는데요. 거기는 바로 쓰레기들을 모아 놓은 곳이었습니다. 도우는 무엇 때문에 그곳을 찾았을까요? 재활용품을 골라내서 생계에 도움을 받으려고? 우리나라도 가난을 벗어나기 힘들었던 시절에는 쓰레기 처리장에서 빈 병이나 고철 등을 찾아내서 팔아 생계를 이어가던 사람들이 많았습니다. 지금은 공원으로 변한 난지도 쓰레기장에서 집게를 들고 쓸 만한 고물을 주워가며 살던 이들의 모습을 담은 기록물들이 많이 남아 있습니다. 하지만 도우가 쓰레기더미를 뒤지고 다닌 건 단지 생계 때문만은 아니었습니다. 도우에게는 특별한 목적이 따로 있었거든요.

- - - - - - - - - - - - - - - - - -

개인방송국을 열다

"도우야, 우리 집 라디오가 안 나오는데 손 좀 봐줄 수 있니?"

도우는 이웃에 사는 사람들에게 이런 부탁을 자주 들었습니다. 고장 난 라디오가 도우 손에만 가면 멀쩡하게 고쳐져서 돌아오곤 했거든요. 도우는 어릴 적부터 각종 기계나 전기제품 같은 걸 분해하고 조립하는 걸 좋아했습니다. 호기심도 무척 강했고요. 일부러 멀쩡한 장난감이나 시계 혹은 라디오 따위를 분해한 다음 다시 조립하는 취미를 가졌던 어린이가 나중에 훌륭한 발명가나 과학자가 되었다는 얘기를 종종 들을 수 있는데요. 도우가 바로 그 경우에 해당하는 아이였습니다. 기계 부품만 만지고 있으면 시간 가는 줄 모를 정도였으니까요. 그러다 보니 웬만한 라디오나 가전제품을 고치는 솜씨는 전문 기술자 못지않았습니다.

도우가 쓰레기더미에서 찾아내는 건 주로 고철이나 못 쓰게 된 가전제품, 폐건전지 같은 것들이었습니다. 재활용조차 할 수 없어 버려진 것들이 대부분이었지만 도우의 눈에는 자신의 위대한 발명품을 만드는 데 도움을 줄 소중한 재료들이었습니다. 그래서 조금이라도 필요하겠다 싶은 것들은 눈에 띄는 대로 모두 집으로 가져왔습니다. 그런 다음 이리저리 해체하고, 조립하고, 이어붙이다 보면 고철 덩어리가 라디오가 되기도 하고, 마이크가 되기도 했습니다. 처음에는 집안으로 고물만 끌고 들어온다고 싫어하던 어머니도 도우의 실력을 인정하지 않을 수 없었습니다. 친구와 이웃 사람들도 도우를 꼬마 천재 발명가라고 부르기 시작했고요.

"야호! 드디어 성공했어. 내가 정말로 해냈다고!"
2010년, 열네 살이 된 도우는 놀라운 발명품을 개발한 기쁨에 넘쳐 소리를 질렀습니다. 그동안 해오던 라디오 조립 수준을 훌쩍 뛰어넘어 라디오 전파를 내보낼 수 있는 전송장치를 만들어낸 겁니다. 제대로 된 장비와 시설을 갖춘 실험실이 아니라, 남들이 못 쓰겠다고 내다 버린 고철과 폐자재를 모아 자신의 집 마당에서 만들어낸 결과물이었습니다. 도우의 천재성이 유감없이 발휘된 작업이라고 할 수 있겠는데요. 도우는 어떻게 해서 어린 나이에 이토록 놀라운 일을 해낼 수 있었을까요?

학교에서 기초적인 과학지식을 익히고, 모르는 건 선생님께 물어가며 배우기도 했을 겁니다. 하지만 십 대 초반의 나이에 학교에서 고등 물리학이나 기계공학 같은 걸 배웠을 리 없고, 선생님들이라고 해서 과학자 수준의 지식을 지닌 건 아니어서 거의 독학으로 모든 걸 깨우쳐야 했습니다. 더구나 컴퓨터와 인터넷이 있어 검색을 통해 자료를 찾거나 유튜브로 무얼 배울 수 있는 형편도 아니었습니다. 그저 혼자 이렇게도 해보고 저렇게도 해보다가 실패하면 처음부터 다시 시작하는 과정을 수없이 거쳤겠지요. 그러면서 조금씩 기계 작동과 전기의 흐름 같은 원리를 깨우쳤을 겁니다. 어쩌면 전파상을 운영하는 사람이나 수리공 같은 기술자들을 찾아다니며 실용적인 기술을 익히기도 했을 테고요. 현장에서 실생활에 필요한 물건을 만들거나 고치는 그런 분들이 오히려 발명품을 만드는 데는 실제적인 조언을 해줄 수 있었을 겁니다.

'나만의 방송국을 만들어 운영하면 재미있지 않을까?'
전파 전송장치를 개발한 도우는 이참에 아예 라디오 방송을 해보자는 마음을 먹었습니다. 전파 출력기와 증폭기 등을 갖춘 상태에서 도우는 FM 라디오 방송을 시작했습니다. 자신이 선정한 노래를 라디오로 내보내면서 얼마나 뿌듯한 마음이 들었을까요? 그렇게 스스로 연출자 겸 진행자가 되어 개인 방송을 하게 된 건데요. 물론 정부의 허가를 받은 공식 방송은 아닙니다. 방송을 시작하면서 도우는 스스로를 'DJ 포커스'라고 불렀습니다. 발명가에서 라디오 프로그램 진행자가 된 셈이죠. 그것도 자신이 소유한 라디오방송국에서 말입니다.

이 방송국은 나중에 매우 중요한 역할을 하게 됩니다. 하지만 이때까지도 도우는 탐구능력이 뛰어나면서 재주가 많고, 좋은 머리로 기발한 아이디어를 낼 줄 아는, 그래서 이것저것 잘 고치고 신기한 걸 만드는 아이 정도였습니다. 라디오 방송을 시작하면서 더 많은 사람의 주목을 받기는 했지만 특출한 능력을 지닌 소년이라는 평가에서 크게 벗어나지는 않았습니다. 개인 취미 활동의 영역에서 이루어진 활동이라는 측면이 강했기 때문입니다.

하지만 도우는 얼마 지나지 않아 그런 한계를 뛰어넘어 사람들의 실제 생활 수준을 개선하는 데 도움을 주는 업적을 남기기 시작합니다.

- -

MIT 공과대학 캠프에 참가하다

도우의 능력과 활동을 눈여겨본 사람이 있었습니다. 미국의 MIT 공과대학, 즉 매사추세츠공과대학에서 박사 과정을 밟고 있던 데이비드 센게라는 사람입니다. 그 역시 시에라리온 출신으로 미국으로 유학 와서 공부하고 있던 사람입니다. 시에라리온에서 미국까지 유학을 온다는 건 그 자체로 대단한 일입니다. 특히 MIT 공과대학은 미국뿐만 아니라 세계에서도 알아주는 명문 대학이라 웬만한 수재가 아니고서는 입학하기조차 힘든 곳이거든요. 그런 가운데 MIT 공과대학에 입학해서 박사 과정까지 공부하고 있는 데이비드 센게는 시에라리온에서 선택받은 소수라고 하겠습니다. 물론 자신의 노력과 열정이 그런 결과를 가져오긴 했겠지요. 센게는 가난한 자신의 조국을 생각할 때면 늘 마음이 아팠고, 그래서 조국을 위해 무언가를 해야 한다는 생각이 강했습니다. 그러던 중에 켈빈 도우라는 영민한 아이가 있다는 걸 알게 됐고, 어떻게 해서든 그 아이가 체계적인 공부와 연구를 할 수 있도록 도와주고 싶었습니다.

데이비드 센게는 2012년에 도우를 자신이 다니는 대학교에서 개최한 여름 혁신 캠프에 초대합니다. 그렇게 해서 비록 긴 기간은 아니었지만 도우는 MIT 공대에 가서 객원 연구원 자격으로 연구와 실험에 참가하게 되었습니다. 열다섯 살의 나이에 세계적인 대학의 최연소 연구원이 된 겁니다. 연구원 생활을 하는 기간에 하버드 대학에 초청받아 연설을 하고, 오바마 전 대통령 등 유명 인사들을 만날 기회를 얻기도 했습니다. 그들은 도우를 아프리카에서 온 천재 발명가라며 많은 관심을 보여 주었습니다.

미국에 머무는 동안에도 도우는 틈틈이 자신이 만든 라디오 방송으로 조국에 있는 사람들에게 소식을 전합니다. 아직 어린 도우는 시에라리온에 있는 어머니와 통화를 한 다음 눈물을 흘리기도 했는데요. 힘겹게 자식들을 키우는 어머니를 생각하면 늘 마음이 아팠기 때문입니다.

도우는 항상 가족들에게 도움이 되는 사람이 되고 싶다는 마음을 지니고 있었습니다. 나아가 자신이 미국까지 와서 배운 기술과 지식을 가족과 친구, 이웃들을 위해 사용하고 싶었습니다. 그런 만큼 연구원 생활을 하는 동안 가능하면 많은 걸 보고 배우려 했습니다.

도우를 초대한 데이비드 센게는 이런 말을 했습니다.

"앞으로 더 많은 켈빈이 나오길 바라고 있어요. 켈빈 한 명으로 그치지 않기를 바랍니다. 어떻게 하면 의욕을 가진 수천 명의 젊은 친구들을 만들어낼 것인가? 그들이 자신의 이웃들을 위해 어떤 일이든 하면서 당면한 문제들을 해결해 줄 수 있으면 좋겠어요."

센게의 바람을 도우가 모를 리 없었습니다. 자신을 미국까지 불러준 이유가 단지 자신을 예뻐해서 그랬을 리는 없으니까요. 캠프에 참여해서 활동하는 모습을 담은 영상이 유튜브에 올라와 있는데요. 지금까지 조회 수가 천오백만이 넘었습니다. 아프리카의 천재 소년에 대한 소문이 퍼지면서 수많은 사람의 관심을 받게 된 거죠. 영상을 본 세계 각국의 사람들은 놀라움과 경탄의 눈길을 보냈습니다. 이후에도 여러 편의 유튜브 영상이 제작되어 올라와 있습니다. 첫 번째 영상 인터뷰 속에서 도우는 두 가지 중요한 계획을 이야기하고 있습니다.

"제 목표는 이거예요. 시에라리온의 청소년들 사이에서 혁신의 붐을 일으키는 것!"

"제가 만들 다음 발명품은 사람들이 사용하는 전기를 생산해서 공급해주는 풍력 발전기를 만드는 겁니다."

센게가 바라는 게 바로 이런 이야기들이었습니다. 자신들의 조국 시에라리온이 처해 있는 상황은 희망이 안 보인다고 할 정도였는데요. 그럴수록 젊은이들에게 꿈과 희망을 심어주는 일이 필요했습니다. 도우가 그런 역할에 매우 적합한 인물이 될 거라는 믿음이 센게에게는 있었습니다.

미국에서 연구원 생활을 마치고 돌아온 도우는 자신이 계획한 일들을 하나하나 풀어가기 시작합니다.

빛을 가져다준 꿈의 배터리

현대 문명사회에서 생활하려면 가장 필요하고 중요한 게 무엇일까요? 여러 가지를 예로 들 수 있겠지만 그중에서도 전기가 가장 중요할 겁니다. 전기 없는 세상을 상상할 수 있나요? 하루도 못 가서 난리가 날 게 분명합니다. 당장 전구 하나만 나가도 불편하고 짜증부터 내는 게 우리 일상생활의 모습이니까요.

시에라리온은 모든 면에서 뒤떨어져 있지만 제일 심각한 게 전력난입니다. 전력 공급률이 전국 평균 15%에도 미치지 못한다고 하니까요. 지방은 공급률이 1% 정도이고 아예 전기가 들어오지 않는 시골 마을도 많습니다. 그나마 낫다고 하는 수도인 프리타운에서도 툭하면 전기가 끊길 정도입니다. 번화가가 아닌 도우가 사는 외곽 동네에선 일주일에 한 번 전기가 들어오거나 심한 경우 한 달에 한 번 들어오는 경우도 있을 정도입니다. 그러니 밤에 집안일을 하거나 책을 펴고 공부하는 일은 상상하기 어렵습니다. 그런 상황을 겪으며 자란 도우는 어떻게 해서든 발전소의 힘을 빌리지 않고 자체적으로 전기를 생산하는 장치를 만들어야겠다고 마음먹었습니다. 어머니가 밤에도 바느질을 할 수 있고, 형제들이 불빛 아래서 마음 놓고 공부할 수 있도록 도와주고 싶었던 거죠.

실험은 실패의 연속이었습니다. 그리 쉽게 될 일이면 다른 기술자들이 진작 발명을 했겠지요. 어떻게 하면 가능할까? 머릿속으로 수많은 그림을 그려가며 연구에 몰두하던 도우는 마침내 해결책을 찾아냈습니다. 금속과 산(酸), 소다수 등을 이용해 전기를 만드는 배터리 제작에 성공한 겁니다. 도우가 고안한 배터리는 간단한 재료만 있으면 누구나 만들어 사용할 수 있을 만큼 실용성이 있었습니다. 도우의 발명품은 전기를 공급받지 못하는 주민들에게 너무나 소중하고 커다란 선물이었습니다. 한꺼번에 많은 양의 전력을 만들 정도는 아니었지만 도우가 알려준 방법대로 배터리를 만들어 자신들의 가정에 필요한 전기 정도는 만들어 쓸 수 있었으니까요. 값비싼 재료나 정밀한 부품을 사용하지 않고 폐자재를 이용해서 간단하게 만든 배터리 덕에 가난한 시에라리온 사람들

자신이 만든 배터리를 들어 보이고 있는 켈빈 도우

은 밤의 암흑에서 벗어날 수 있었습니다.

　하지만 도우는 이 정도로 만족할 수 없었습니다. 더 간단하고 편리한 배터리를 만들어서 보급하기 위한 연구를 계속했습니다. 그건 신발에 부착하는 배터리를 만드는 거였는데요. 신발에 배터리를 매달아 걷는 동안 발생하는 운동 에너지를 이용해 저절로 충전이 되도록 하면 좋겠다는 아이디어를 떠올렸습니다. 그런 방식을 잘 활용하면 휴대폰을 충전하다든지 하는 간단한 용도의 전기는 공급할 수 있겠다는 판단을 한 겁니다. 이렇듯 도우는 자신의 재능을 이웃들의 삶을 개선하는 데 쓰겠다고 한 약속을 실현하기 위해 노력했습니다.

　이 무렵 서아프리카 쪽에서는 에볼라 바이러스가 기승을 부리기 시작했고, 시에라리온에도 에볼라 감염 환자가 생기면서 인명피해가 늘어 났습니다. 가난한 나라다 보니 의료 체계가 미흡하고 마땅히 치료할 방법도 없어 주민들은 두려움에 떨어야 했습니다. 바이러스 전파를 막기위해 학교 문도 닫았습니다. 이때 도우의 라디오 방송이 큰 역할을 하게 됩니다. 에볼라 관련 소식과 예방법을 알려주고, 학교에 가지 못하는 학생들을 위해 라디오로 학교에서 배워야 할 교육과정과 내용을 전달해 주었거든요. 선생님들을 모셔서 라디오로 수업 내용을 강의하도록 함으로써 학교가 문을 닫고 있던 기간에도 학생들은 공부를 이어갈수 있었습니다. 라디오 강의 중간중간 도우는 음악 프로그램을 맡아 진행하기도 했고요. 도우의 라디오 방송이 인기를 끌자 지역에서 하는 행사를 홍보해 달라는 부탁을 하는 사람들도 생겼습니다. 라디오가 지역사회에서 필요한 정보 교류와 사람들 간의 소통 창구 역할을 톡톡히 한셈인데요. 시에라리온에서는 텔레비전을 소유하고 있는 가정이 드뭅니다. 그렇다 보니 라디오가 각종 소식을 전하는 매체로 상당히 큰 역할을 하고 있습니다. 발명가로서뿐만 아니라 라디오의 'DJ 포커스'로 활동하던 도우의 진가가 발휘되는 순간이었습니다.

홀로 닦은 기술과 실력이 향상되고 결과물이 실생활에 쓰이기 시작하면서 도우는 자신만의 연구소를 세우고 연구에 더욱 힘을 쏟았습니다. 그러는 한편 자신의 이름을 따서 'K-Doe Tech'라는 명칭의 회사를 세웠습니다. 단순히 돈을 벌기 위한 목적이 아니라 12~25세 젊은이들을 모아 그들로 하여금 스스로 미래를 열어가는 주역으로 성장시키기 위해서입니다. 자신과 센게에게 한 약속을 지키기 위한 것이기도 하고요. 회사는 캐나다의 한 전력회사와 연구 및 개발을 위한 협약을 맺어 거액의 자금을 지원받기도 했습니다.

　도우의 목표는 시에라리온 국민 전체가 지금보다 나은 삶을 누리는 데 도움을 주는 것입니다. 도시뿐만 아니라 전기를 비롯해 아직 문명의 빛이 다가가지 못하는 시골에서도 문명의 혜택을 누릴 날을 그리고 있습니다. 도우는 항상 자신의 나라와 이웃들을 사랑한다고 말합니다. 그리고 자신의 능력이 그런 쪽으로 쓰일 수 있기를 원합니다.

　이제 이십 대 청년이 된 켈빈 도우, 그가 내딛는 한 걸음이 아프리카의 가난한 나라 시에라리온이 한 걸음씩 성장하는 발판이 될 것입니다. 서양에 위대한 발명가 에디슨이 있었다면 시에라리온에는 청년 발명가 켈빈 도우가 있습니다.

9

팔리스 칼레

내전의 상처를 어린이 평화운동으로 치유하다

"세계에서 단 한 명의 어린이도
전쟁터에 끌려가거나 참혹한 전쟁의
피해자가 되지 않도록 해야 합니다.
모든 어린이가 자유롭게 자신의
권리를 누리면서 행복하게
살 수 있도록 해주세요."

오랜 내전에 시달리던 콜롬비아

오랫동안 내전에 시달린 나라가 있습니다. 무려 50년이 넘는 세월 동안 크고 작은 총성이 그치지 않았던 나라, 바로 남아메리카에 있는 콜롬비아가 그랬습니다. 그 사이에 20만 명 이상의 사람이 죽었고, 수백만 명이 난민 신세가 되어 외국으로 살길을 찾아 떠났습니다. 그러니 나라 전체가 얼마나 망가지고 혼란스러웠을까요? 단순히 혼란한 정도가 아니라 매일 공포와 불안에 떨며 지내야 했을 겁니다.

2016년에 콜롬비아의 대통령 산체스가 노벨평화상을 받았습니다. 반군과 평화협정을 맺어 오랜 내전을 종식시킨 공로를 인정받았기 때문인데요. 그만큼 국제사회에서도 콜롬비아 내전 사태가 빨리 끝나기를 바라고 있었다는 걸 알 수 있습니다. 산체스 대통령이 평화협정을 이끌어낸 공로는 당연히 높은 평가를 받아야 합니다. 하지만 산체스 대통령

이전에 수많은 콜롬비아 사람들이 평화를 되찾기 위해 노력한 결과라는 사실도 함께 기억할 필요가 있지 않을까요? 어느 날 저절로 평화가 찾아온 건 아닐 테니까요. 많은 평화운동가들이 목숨을 걸어가며 평화를 외쳤고, 그런 열망이 모여 대통령과 반군 지도자들의 마음을 움직일 수 있었던 거지요. 그런 평화운동가 중에는 십 대 소년 소녀들도 많았습니다. 지금부터 살펴볼 팔리스 칼레라는 소녀가 그런 청소년 지도자 중의 한 명이었습니다.

팔리스의 삶에 대해 알아보기 전에 콜롬비아에서 왜 내전이 일어났는지 알아볼 필요가 있지 않을까요? 빈부 격차가 심한 나라일수록 부정부패가 심한 법입니다. 거기에 덧붙여 권력자들이 독재를 일삼는 경우가 많지요. 콜롬비아가 딱 그랬습니다. 지주를 비롯한 부자들이 부를 독점할수록 가난한 사람들의 불만이 높아지기 마련인데, 이런 갈등을 해결해야 할 정부는 오히려 부자들 편을 들기 일쑤였습니다. 그래서 참다못한 일부 세력이 반군을 결성해서 정부에 맞서기 시작합니다.

여러 반군 단체가 생겼는데, 그중 가장 커다란 세력은 콜롬비아 무장혁명군(FARC)입니다. 이들은 지주와 자본가 계급을 몰아내고 사회주의 국가를 건설할 것을 목표로 내세웠습니다. 가난한 농민 출신들이 이들을 지지하며 한때는 국토의 절반가량을 지배할 정도로 막강한 힘을 지녔는데요. 그러다 보니 이들의 주장에 위협을 느낀 지주와 자본가들은 나약한 정부군을 못 믿겠다며 스스로 병사들을 조직해 이들과 맞서기로 했습니다. 정식 군대는 아니지만 부자들이 사람들을 고용한 다음 무기를 사서 나눠 누고 자신들을 지켜줄 군대로 육성했는데요. 이렇게 만든 군사조직이 민병대입니다. 법률에도 근거하지 않은 이런 개인들의 군대에 대해 정부는 어떤 제지도 하지 않았습니다. 오히려 반군에 대항하는 세력이 생긴 걸 내심 반겼을 겁니다. 그러면서 내전의 형태가 매우 복잡하게 흘러가기 시작합니다. 반군과 정부군 외에 민병대까지 끼어들게 됐고, 콜롬비아 무장혁명군 외에 다른 반군 세력도 있었으니까요. 내전이 오래 지속된 이유도 이렇게 다양한 집단이 서로 자신들의 세력권을 넓히기 위해 싸웠기 때문입니다.

내전이 장기화되고 어느 쪽도 확실한 승리를 거두지 못하면서 국민의 피해만 커져 갔습니다. 반군들은 세력 유지를 위한 자금을 마련하기 위해 마약을 재배해서 판매하기 시작했고, 자신들이 지배하고 있는 지역에서 독자적으로 세금을 거뒀습니다. 자신들을 지지하지 않거나 정부군과 민병대 편을 든다고 의심되는 사람들을 학살하기도 했고요. 반대로 정부군과 민병대는 반군에 가담하거나 지원했다는 혐의를 내세워 무고한 마을 사람들을 죽였습니다. 내전 동안 사망한 사람들의 70% 이상은 병사가 아닌 민간인이었습니다. 그러다 보니 콜롬비아 국민은 어서 빨리 내전이 끝나기를 바랐지만 각 세력은 전쟁의 목적도 잃어버린 채 오로지 자신들이 확보한 영토와 기득권을 놓지 않기 위해 소모적인 전쟁을 이어갔습니다.

어린이 평화운동을 시작하다

팔리스 칼레는 콜롬비아의 북서부 쪽에 있는 우라바 지역에서 태어났습니다. 아버지는 바나나농장에서 일하는 노동자였고, 어머니는 구멍가게를 운영했습니다. 팔리스가 태어나기 오래전부터 내전이 이어져 오고 있었기 때문에 팔리스는 어려서부터 내전의 참혹함을 목격해야 했습니다. 팔리스가 태어난 곳은 반군 세력이 강한 곳이었습니다. 그러다 보니 반군을 소탕한다는 명목으로 민병대가 들어와 이웃 마을 사람들과 친척, 심지어 자신의 친구를 살해하곤 했습니다. 그런가 하면 반군에 가담하기 위해 정글 속으로 들어간 친구도 있었는데요. 그렇게 어린 나이에 소년병이 되어 전투에 참여하는 숫자도 꽤 많았습니다.

"팔리스, 너는 정부 편이니 아니면 반군 편이니?"

가끔 친구들로부터 이런 질문을 받을 때가 있었습니다. 아이들끼리도 편이 갈려서 논쟁을 할 때면 팔리스는 우울했습니다.

"난 아무 편도 아니야. 총을 쏘고 사람을 죽이는 건 서로 똑같잖아. 나는 이제 그만 총을 내려놓고 다 같이 평화롭게 살면 좋겠어."

그렇게 말을 하면서도 팔리스는 어린 자신이 할 수 있는 게 아무것도 없다는 사실이 슬펐습니다. 그러다 보니 괜한 반항심만 생기고, 절망에 빠져 학교 공부에 흥미를 잃고 방황한 적도 있었습니다. 도무지 희망이라는 게 보이지 않았으니까요.

그러던 팔리스가 자신에게 주어진 역할이 있을 거라고 생각하게 된 건 열네 살 때 아파르타도 시에 있는 고등학교에 진학한 뒤였습니다. 1996년, 입학 1년 뒤 열다섯 살이 된 팔리스는 학급 대표로 뽑혔고, 이어서 전교 학생회장이 되었습니다. 이때 팔리스는 자신의 삶에 강력한 영향을 미치게 될 유명인 한 명을 만나게 됩니다.

아파르타도 시장이 초청한 각 학교의 학생 대표자들 모임에서 그라사 마셸이라는 사람이 전쟁과 어린이 문제를 조사하기 위해 방문할 거라는 소식을 들은 건데요. 유엔에서 활동하는 그라사 마셸은 본래 아프리카에 있는 모잠비크 대통령의 부인이자 교육부 장관이었습니다. 교육부 장관을 하는 동안 어린이와 여성의 교육 문제 해결을 위해 노력했고, 그 전까지 40%에 불과하던 아이들의 입학률을 80%까지 끌어올렸습니다. 그러다가 남편인 모잠비크 대통령이 의문의 비행기 추락사고로 사망을 했고, 몇 년 후 남아프리카공화국의 넬슨 만델라 대통령과 재혼을 합니다. 한 사람이 두 나라의 대통령 부인이 된 매우 특이한 경우인데요. 만델라는 흑인에 대한 인종차별 정책을 폐지하기 위해 투쟁하다 26년 동안 감옥 생활까지 한 사람입니다. 그 후 흑인 최초로 남아프리카공화국 대통령이 되었고, 노벨평화상까지 받아 전 세계에서 모르는 사람이 없을 정도입니다. 그의 부인이 된 그라사 마셸 역시 어린이와 여성의 인권 문제 해결을 위해 세계를 돌아다니며 다양한 활동을 펼쳤습니다. 그런 그녀에게 유엔 본부가 전쟁이 벌어지고 있는 여러 나라에 가서 실태 파악을 하고 '무력 충돌이 어린이들에게 미치는 영향에 대한 유엔 보고서'

를 작성하라는 임무를 맡긴 겁니다. 마셀이 콜롬비아를 방문하게 된 것도 그런 이유 때문이었고요.

팔리스와 학생 대표들은 그라사 마셀의 방문을 이용해 평화의 메시지를 전하기 위한 행사를 기획했습니다. '기억을 위한 주간'이라는 이름으로 5천 명 이상의 아이들이 참여한 대대적인 행사를 한 건데요. 행사에 참여한 아이들은 평화를 호소하는 편지를 쓰고 그림을 그려 전시를 했습니다. 함께 모여서 어떻게 하면 자신의 나라에 평화를 가져올 수 있을 것인지 활발한 토론도 벌였고요. 그 결과를 모아 선언문을 만들고, 행사 마지막 날 팔리스가 대표로 그라사 마셀 여사에게 선언문을 낭독한 뒤 전달했습니다. 마셀 여사는 깊은 인상을 받았다며 세계 지도자들에게 콜롬비아 어린이들의 목소리를 전달하겠다고 약속했습니다.

그 뒤 마셀 여사의 보고서가 바탕이 되어 유엔에 전쟁을 겪은 어린이와 청소년을 위한 특별위원회가 만들어집니다. 이런 활동들이 쌓여서 마침내 2000년에 '유엔아동권리협약 선택의정서'를 채택하게 되는데요. 이전에 유엔아동권리협약이 있었지만 여전히 각 나라에서 아동들의 인권이 보장받지 못하자 기존의 내용을 보완하고 강화한 겁니다. 선택의정서의 첫 번째가 바로 '아동의 무력 충돌 참여에 관한 아동권리협약 선택의정서'입니다. 어린이들이 소년병으로 전쟁에 참여하거나 피해를 당하지 않도록 해야 한다는 내용을 담았습니다.

평화와 권리를 위한 어린이의 명령

'기억을 위한 주간' 행사가 끝난 뒤 팔리스와 친구들은 평화운동의 흐름을 어떻게 계속 이어갈 것인지 고민했습니다. 그러다 콜롬비아 헌법에 어린이들이 정부에 참여할 수 있는 조항이 있다는 걸 알게 되었습니다. 팔리스와 친구들은 다시 어린이들을 모아 평화회의를 진행했고, 거기서 팔리스가 아파르타도의 어린이 시장에 선출되었습니다. 그런 다음 어린이를 대표해 아파르타도 시의 의회에 참여하게 됐는데요. 하지만 얼마 안 가 그런 역할이 아무런 힘을 발휘할 수 없다는 걸 깨달아야 했습니다. 성인들로 이루어진 회의에 아무리 참여해봐야 어린이들의 목소리에 귀를 기울이거나 그들의 의견을 받아줄 의원들이 없다는 걸 알게 된 겁니다.

그냥 들러리 역할만 할 바에는 차라리 어린이들 스스로 할 수 있는 일을 찾는 게 낫겠다는 판단을 했습니다. 그러면서 다시 고민 끝에 팔리스와 친구들이 '아파르타도 어린이 평화운동'이라는 이름의 단체를 만들었습니다. 단체 이름을 걸고 처음에 시작한 행사는 오랫동안 갈등을 빚으며 대립하고 있는 두 마을을 화해시키는 일이었는데요. 두 마을의 어른들을 찾아다니며 행사의 취지를 알리는 한편 가톨릭 성당 측의 도움을 받아 두 마을의 중간 지대에서 축제를 열기로 했습니다. 어린이들부터 변화시켜야 한다는 취지에서 두 마을의 어린이들을 초대해 다양한 놀이와 운동경기를 통해 서로 하나가 되도록 한 겁니다.

　이런 활동들이 알려지면서 팔리스는 콜롬비아의 수도인 보고타에서 열리는, 폭력을 물리치고 평화를 가져오기 위한 워크숍에 초청을 받게 됩니다. 이 워크숍은 유니세프, 즉 유엔국제아동기금이 후원하는 행사였습니다. 워크숍에는 어린이 대표 27명이 참여하여 성인 참여자들과 열띤 토론을 벌였습니다. 그 자리에서 팔리스는 아파르타도뿐만 아니라 다른 지역에도 평화에 대해 고민하는 청소년과 어린이들이 많다는 걸 알게 되었습니다. 워크숍에 참여한 어린이 대표들은 그 자리에서 '콜롬비아 어린이 평화운동'이라는 단체를 만듭니다. 어린이와 청소년이 참여하는 전국적인 조직이 만들어진 셈입니다.

　단체를 만들고 나서 회원들끼리 어떤 방식의 활동을 할 것인가를 두고 열심히 토론했습니다. 내전의 원인을 분석하고 해결방법을 제시하는 건 어린이나 청소년이 할 수 있는 일이 아니었습니다. 정부군과 반군 사이에 여러 차례 평화협상이 있었지만 번번이 무산된 건 그만큼 입장 차이가 컸기 때문인데, 아이들이 그런 차이를 조율해 줄 수는 없는 일이었으니까요. 고민 끝에 아이들은 어른들에게 호소하는 방법을 쓰기로 했습니다. 평화를 바라는 아이들의 간절한 바람을 전하면 조금이라도 변화의 기운이 생겨나지 않을까 싶었던 건데요.

　"전국에 있는 어린이들이 모여서 평화를 바라는 내용의 투표를 하도록 하자. 그래서 얼마나 많은 어린이가 평화를 원하는지 보여주는 거야."

합의가 이루어지자 투표일을 정하고 각자 자신이 속한 지역에 돌아가서 투표를 진행하기 위한 활동을 하도록 했습니다. 이 과정에서 평화를 원하는 인권활동가, 성직자 등 많은 어른이 도와주었습니다. 어른들도 빨리 내전이 끝

'어린이의 명령' 투표 운동을 할 당시의 팔리스 칼레(밑의 가운데)

나고 평화가 찾아오기를 바라는 건 마찬가지였으니까요. 투표일로 정한 1996년 10월 25일까지 몇 달 동안 어린이 활동가들은 홍보물을 만들어 돌리고, 연설회와 공청회를 열어 투표 참여를 설득했습니다. 선거관리위원회의 협조를 얻어 지역마다 투표소도 설치하기로 했고요. 투표 명칭은 '평화와 권리를 위한 어린이의 명령'으로 정했습니다.

"총을 든 군인 아저씨들에게 호소합니다. 어린이의 명령 투표를 하는 10월 25일 하루만이라도 서로 총을 쏘지 말아 주세요."

정부군과 반군을 향해서 간곡히 호소하는 것도 잊지 않았습니다. 하루만이라도 총을 내려놓는다면 평화로 가는 길이 그만큼 앞당겨질 거라고 믿었기 때문입니다.

드디어 어린이의 명령을 위한 투표일이 되었습니다. 할 수 있는 모든 방법을 동원해서 홍보했지만 어린이들이 과연 얼마나 투표장으로 나올지 알 수 없었습니다. 수도인 보고타에서는 수천 명의 어린이가 대표자

인 메이얼리 산체스를 앞세우고 투표장이 마련된 볼리바르 광장으로 향했습니다. 이날 어린이들은 모두 평화를 상징하는 하얀 옷을 입고 손에 쥔 하얀 손수건을 흔들었습니다. 광장 한쪽에서는 하얀색 풍선을 날렸고요. 투표가 벌어지는 곳마다 어린이들이 넘쳐서 말 그대로 축제 분위기를 만들었습니다.

다음 날 텔레비전 방송국에서 놀라운 발표가 나왔습니다. 집계 결과 어린이의 명령 투표에 전국에서 약 270만 명의 어린이가 참여했다는 소식이었습니다. 콜롬비아 어린이 평화운동 회원들은 예상치 못한 투표율에 감격했습니다. 준비단계에서 50만 명 정도만 참여해도 성공이라고 생각했는데, 그보다 훨씬 많은 수가 투표에 참여한 겁니다. 그뿐만 아니라 투표일에 전국에서 한 발의 총성도 울리지 않았다는 사실이 어린이 대표들을 더욱 감동시켰습니다.

평화가 평화를 낳을 때까지

콜롬비아 어린이들이 이루어낸 놀라운 행동과 결과는 뉴스를 타고 세계 여러 곳으로 퍼져나갔고, 콜롬비아의 어린이들에게 노벨평화상을 주어야 한다는 얘기도 나왔습니다. 어린이들이 앞장서서 평화를 외치자 어른들도 가만히 있을 수 없었습니다. 그동안 평화운동을 하던 성인 활

팔리스 칼레의 평화운동은 콜롬비아에 평화가 정착되는 계기를 만들었다.

동가들은 양쪽으로부터 핍박을 받으며 납치와 살해를 당하는 일이 많았습니다. 자연히 활동이 위축되고 있던 참에 어린이들이 앞장서자 다시 기운을 내기 시작한 겁니다.

　"우리도 뭔가를 해야 하지 않겠습니까? 어린아이들이 저렇게 간절한 목소리를 내고 있는데 어른인 우리가 아무것도 안 하고 손을 놓고 있는다면 그건 어린이들에게 죄를 짓는 일이나 마찬가지입니다."
　이런 인식이 퍼져가면서 콜롬비아에서 평화운동을 하는 단체들이 힘을 합쳐 다음 해에 실시되는 지방선거일에 어른들도 평화를 위한 투표를 진행할 계획을 세웠습니다. 지방의회 의원들을 뽑는 투표용지 외에 평화를 염원하는 내용의 투표지 한 장을 더 만들어 투표하기로 한 겁니다. 이번 투표에는 '어린이의 명령'을 본받아 '시민의 명령'이라는 이름을 붙였고. 1997년 10월 26일에 천만 명이 넘는 어른들이 평화를 위한 투표에 참여했습니다.

투표가 성공적이었다고 해서 그 자체로 내전을 끝낼 수는 없었습니다. 투표는 국민의 뜻을 보여주는 상징적인 행위에 지나지 않았으니까요. 하지만 서로 국민과 국가를 위해 총을 들고 있다고 주장하는 무장 세력들에게 자신들의 주장이 얼마나 국민의 뜻과 거리가 있는지 알려주는 동시에 더 이상 싸움을 이어갈 명분이 없다는 걸 보여주는 효과는 있었습니다. 두 번에 걸친 투표는 평화협상을 시작하라는 압력으로 작용하기 시작했습니다.

어린이의 명령 투표 이후에 팔리스는 매우 바빠졌습니다. 콜롬비아를 벗어나 다른 나라들에서 강연을 해달라는 초청이 오기 시작했고, 그때마다 외국으로 나가 콜롬비아 어린이 평화운동의 당위성과 활동 사례를 들려주었습니다. 바빠진 건 다른 회원들도 마찬가지였습니다. 회원들이 10만 명 가까이 늘면서 해야 할 일도 많아졌고, 내전으로 피해를 당한 아이들을 찾아가 위로하고 심리 치료를 진행하는 한편 지진과 폭우 같은 자연재해가 닥치면 재해를 당한 지역으로 달려가 복구 활동을 돕는 일도 했습니다. 학교와 공원을 평화 구역으로 선포해서 어른들의 전쟁으로 인해 아이들이 더 이상 희생당하지 않도록 한 것도 어린이 활동가들의 노력 덕분이었습니다.

1999년 5월, 팔리스는 네덜란드의 헤이그에 가 있었습니다. 유엔의 아동권리협약이 제정된 10주년을 기념해서 열리는 '헤이그 평화회의'에 참여하기 위해서였습니다. 세계 100여 개 나라에서 온 평화운동가들과 젊은이들이 헤이그 시내의 분위기를 뜨겁게 달구었습니다.

개막식 날 팔리스는 콜롬비아 어린이 평화운동을 대표해서 연설을 했습니다.

> 세계에서 단 한 명의 어린이도 전쟁터에 끌려가거나 참혹한 전쟁의 피해자가 되지 않도록 해야 합니다. 모든 어린이가 자유롭게 자신의 권리를 누리면서 행복하게 살 수 있도록 해주세요. 이천년대를 눈앞에 둔 지금 이전까지의 비극을 마무리한 뒤 새로운 시대를 맞이할 수 있기를 바랍니다. 사랑이라는 말, 평화라는 말이 더욱 널리 퍼져가기를 소망합니다.

팔리스의 소망이 곧바로 이루어졌던 건 아닙니다. 그 후로도 많은 시간이 지나서야 콜롬비아에서 평화협정이 이루어졌고, 내전이 끝나면서 모든 갈등이 사라진 게 아니라 지금도 여러 불안 요인이 지속되고 있습니다. 더구나 팔레스타인과 시리아를 비롯해 세계 여러 곳에서는 여전히 총소리가 끊이지 않고, 그로 인해 어린이들이 계속 희생당하고 있습니다. 하지만 팔리스와 콜롬비아 어린이들이 보여주었던 용기는 평화의 소중함을 알려주었을 뿐만 아니라 어린이들이 평화운동의 당당한 주체가 될 수 있음을 분명하게 보여주었습니다.

원한은 원한을 낳아서 이쪽이 저쪽을 죽이면 저쪽이 다시 이쪽을 죽이는 악순환이 반복됩니다. 이런 악순환을 끊기 위해서는 평화가 평화를 낳을 수 있도록 서로 손을 내밀어야 합니다. 팔리스와 그 친구들이 내민 평화의 손 위에 여러분의 손이 포개질 수 있기를 바랍니다.

10
진영숙
민주주의의 제단에 목숨을 바치다

"저는 생명을 바쳐 싸우려고 합니다.
데모하다 죽어도 원이 없습니다.
어머님, 저를 사랑하시는 마음으로
무척 비통하게 생각하시겠지마는
온 겨레의 앞날과 민족의 해방을 위하여
기뻐해 주세요."

4·19 혁명의 어린 희생자들

서울 강북구의 수유리에 가면 국립 4·19민주묘지가 있습니다. 4·19혁명 당시에 민주주의를 외치다 사망한 사람들이 묻혀 있는 곳인데요. 부상 당했다가 나중에 사망한 분들의 무덤도 같이 있습니다. 정문에서 광장을 지나 조금만 올라가면 4·19혁명정신을 기리는 기념탑이 높이 솟아 있습니다. 기념식 행사를 하거나 참배를 할 때 이곳에서 향을 피워 분향을 하는데요. 이 기념탑 바로 뒤에 비석들이 늘어서 있는 곳이 바로 희생자들의 묘지입니다.

묘지를 자세히 둘러본 사람들이라면 모두 깜짝 놀랄 겁니다. 거기 묻힌 희생자들 중에 나이 어린 학생들이 무척 많기 때문인데요. 고등학생은 물론 중학생과 초등학생들의 묘비도 있거든요. 심지어 당시 종암초등학교 3학년이던 열 살짜리 임동성 군도 시위 대열 앞에 있다 총에 맞아 사망했을 정도입니다. 당시에 초등학생 신분으로 시위에 참여했다

희생당한 경우가 꽤 많습니다. 수송초등학교 학생들은 '부모 형제들에게 총부리를 대지 말라'는 구호를 적은 플래카드를 들고나와 시위를 벌이기도 했습니다. 같은 학교에 다니던 6학년 학생 전한승 군이 경찰이 쏜 총에 맞아 숨졌기 때문입니다. 초등학생들까지 교문 밖으로 나와 시위에 참여했을 만큼 이승만 정부가 저지른 부정선거와 그에 맞선 학생들의 시위를 총으로 막으려 한 경찰들에 대한 분노는 대단했습니다.

당시에 전한승 군과 같은 학교에 다니던 4학년 강명희 학생은 다음과 같이 시작하는 시를 남기기도 했습니다.

아! 슬퍼요
아침 하늘이 밝아 오면은
달음박질 소리가 들려옵니다.
저녁놀이 사라질 때면
탕탕탕탕 총소리가 들려옵니다.
아침 하늘과 저녁놀을
오빠와 언니들은
피로 물들였어요.

어린 희생자들의 묘비 중에 진영숙이라는 이름이 적힌 걸 볼 수 있습니다. 진영숙은 당시 한성여중 2학년에 다니고 있었습니다. 진영숙 학생은 어쩌다 시위에 참여했고, 결국 안타까운 죽음을 맞이하게 되었던 걸까요?

김주열의 죽음이 전해준 충격

"어떻게 이럴 수가 있어. 공산당이 그렇게 싫다더니 꼭 공산당 같은 짓을 하다니!"

신문을 보던 진영숙은 너무 화가 나서 참을 수가 없었습니다. 누군가에게 마구 욕이라도 하고 싶을 정도였습니다. 눈에서는 저절로 눈물이 흘러나왔고요. 왜 그러느냐고 묻는 어머니에게 진영숙은 보고 있던 신문을 건네주며 말했습니다.

"너무 끔찍해. 경찰들이 어쩌면 이렇게 잔인한 짓을 할 수 있어?"

신문에는 눈자위에 최루탄이 박혀 숨진 남학생의 모습이 실려 있었습니다. 3월 15일에 실종됐던 마산상고 1학년이던 김주열 학생의 시신이 바다 위로 떠오른 건 거의 한 달이 지난 4월 11일이었습니다. 신문을 받아든 어머니도 참혹한 사진을 보고 너무 끔찍한 일이라고 생각했지만 혹시라도 딸이 시위대에 휩쓸려 같은 꼴을 당할까 싶은 걱정이 앞섰습니다.

"영숙아, 너는 행여 거리로 뛰쳐나가는 행동 같은 건 하지 마라. 마산에서 벌써 여러 학생이 죽었다는데 조심해야지. 사람 목숨만큼 소중한 건 없는 법이다."

"그래도 이건 너무 하잖아요. 화가 나서 참을 수가 없어요."

그날의 대화는 길게 이어지지 않았지만 진영숙의 어머니는 괜히 마음이 불안했습니다.

대구에서 시작된 부정선거 규탄 시위는 마산을 거쳐 전국으로 확산되고 있었고, 김주열의 참혹한 죽음이 알려지면서 시민과 학생들의 분노는 폭발 단계를 향해 치닫기 시작했습니다.

4·19혁명은 4월 19일에 처음 시작된 게 아닙니다. 대구에서 일어난 2·28학생의거를 출발점으로 보아야 하는데요. 대통령을 세 번이나 했던 이승만은 당시 나이가 85세라 다시 대통령에 당선되더라도 중간에 병으로 사망하면 부통령이 자리를 물려받아야 할 상황이었습니다. 대통령 후보로 나왔던 야당의 조병옥 씨가 갑자기 사망했기 때문에 이승만의 대통령 당선은 확정적이었습니다. 그래서 자신의 심복이나 다름없는 이기붕을 반드시 부통령으로 당선시키는 일만 남았습니다. 그때부터 이승만 대통령과 주변 사람들은 목적을 달성하기 위해 대대적인 부정선거를 계획합니다. 우선 야당 후보의 연설장에 사람들이 모이지 못하도록 온갖 음모를 꾸미는데요. 대구에서 야당 후보의 연설회를 갖기로 한 날은 일요일인 2월 28일이었습니다. 그런데 휴일인 그날 갑자기 대구 시내 고등학생들을 강제로 등교시킵니다. 학생들이 유세장에 모이는 걸 막기 위한 술책이었지요. 어이없는 조치에 화가 난 고등학생들이 거리로 몰려나와 시위를 벌였고, 그게 바로 2·28 대구학생의거입니다.

2·28의거는 마산의 3·15의거로 이어집니다. 투표 당일인 3월 15일에 투표소 곳곳에서 부정선거 시비가 일었습니다. 은밀하게 하는 게 아니라 아예 대놓고 이기붕을 찍은 가짜 투표지를 무더기로 투표함에 집어넣을 정도였으니까요. 그런 모습을 본 마산 시민들이 투표 무효를 외치

며 거리로 나오기 시작한 겁니다. 저녁이 되면서 시위 참여자가 점점 늘기 시작했고, 이에 맞서 경찰이 총을 쏘면서 여러 명이 사망하고 수백 명의 부상자가 발생했습니다.

개표 결과 이승만과 이기붕을 찍은 표가 너무 많아 일부러 찬성표를 줄여서 발표해야 할 정도였으니, 도저히 정상적인 투표라고 할 수는 없는 일이었죠. 그런 걸 보면서 민주주의가 사망했다는 말이 시민들의 입에서 나오기 시작했습니다. 마산 시위 당시 경찰이 총을 쏴서 사람들을 죽인 행위에 대한 규탄이 이어지자 이기붕 부통령 당선자가 총은 쏘라고 준 것이라는 말을 하면서 시민들의 분노를 더욱 자극했습니다. 하지만 그런 상황에서 거리로 나와 시위를 한다는 건 목숨을 거는 일이나 마찬가지였습니다. 그런 공포감을 먼저 뚫고 나온 건 고등학생들이었습니다. 대학생들은 한참 후인 4월 18일에 시위에 참여하기 시작했으니까요.

4월 18일, 고려대학생들이 거리로 나와 부정선거 규탄 시위를 벌입니다. 그리고 다음 날인 19일에는 고려대와 서울대를 비롯해 서울 시내에 있는 거의 모든 대학교의 학생들이 거리로 나오게 됩니다. 하지만 이날도 가장 먼저 거리로 나온 건 대광고등학교 학생들이었습니다. 이어서 대학생들이 합류하면서 오후에는 시위대가 10만 명에 이를 정도였습니다. 시위대는 스크럼을 짜고 대통령이 있는 경무대 쪽으로 향했습니다. 지금은 대통령 집무실이 있는 곳을 청와대라고 하지만 당시에는 경무대라 불렀습니다. 시위대는 부정선거 무효와 재선거를 주장하는 동시에 이승만 대통령은 물러나라는 구호를 외쳤습니다. 시위대가 경무대 가까이 오자 이번에도 경찰이 총을 쏘기 시작했습니다. 여기저기서 젊은 학생들이 피를 흘리며 쓰러지기 시작했고, 병원마다 총상을 입은 환자들이 몰려들었습니다. 일명 '피의 화요일'이라 부르기도 하는 4월 19일의 비극이 시작된 겁니다.

"얘들아, 우리도 거리로 나가야 하는 거 아니니?"

진영숙이 다니던 한성여중 친구들도 쉬는 시간이면 데모 이야기를 나누곤 했습니다. 마산에서 최루탄에 맞아 죽은 김주열에 대한 이야기는 이미 모두 알고 있었습니다. 이승만 정부가 저지른 부정선거가 얼마나 민주주의를 망치는 일인지 중학생들이라고 해서 모를 리 없었습니다. 어른들이 모여서 하는 얘기들도 들었고, 신문에서 고등학생들이 부정선거에 항의하는 데모를 벌였다는 소식도 들었습니다.

"그래, 우리도 나가자. 이대로 공부만 하고 있을 수는 없어. 학교 끝나면 이따 우리 집에 모여서 다 같이 데모하러 가자."

진영숙은 키가 큰 데다 학교 농구부 선수로 활약하고 있었습니다. 활달한 성격이라 친구들에게 인기도 많았습니다. 진영숙을 중심으로 모여든 친구들은 이제 열다섯 살이지만 가슴 속에는 뜨거운 정의감이 꿈틀거리고 있었습니다.

"지금 데모 때문에 시내 상황이 매우 안 좋다. 괜히 그런 데 휩쓸리지 말고 종례 끝나면 바로 집으로 돌아가라."

종례시간에 담임 선생님이 주의를 주었지만 이미 시내로 나갈 결심을 굳힌 진영숙과 친구들의 귀에는 그런 말이 들어오지 않았습니다.

- - - - - - - - - - - - - - - - - - -

어머니에게 남긴 유서

학교가 끝나자마자 친구들과 함께 집으로 왔지만 아무도 반겨주는 사람이 없었습니다. 동대문에서 옷 장사를 하는 어머니는 장사가 안 끝나서 돌아오지 않은 모양이었습니다. 어머니가 돌아오기를 기다리던 진영숙은 더 이상 기다릴 수 없어 그냥 거리로 나가야겠다고 마음먹었습니다. 가방을 놓고 방문을 나서려다 급히 공책을 찢어 어머니에게 전하는 말을 적어 내려가기 시작했습니다. 어머니가 돌아와서 딸이 안 보이면 걱정할까 봐 편지라도 적어두고 나가려는 생각이었습니다.

> 시간이 없는 관계로 어머님을 뵙지 못하고 떠납니다. 끝까지 부정선거 데모로 싸우겠습니다. 지금 저와 저의 모든 친구들 그리고 대한민국 모든 학생들은 우리나라 민주주의를 위하여 피를 흘립니다.
> 어머님, 데모에 나간 저를 책하지 마시옵소서. 우리들이 아니면 누가 데모를 하겠습니까? 저는 아직 철없는 줄 압니다. 그러나 국가와 민족을 위하는 길이 어떻다는 것은 알고 있습니다. 저의

모든 학우들은 죽음을 각오하고 나선 것입니다.

저는 생명을 바쳐 싸우려고 합니다. 데모하다 죽어도 원이 없습니다. 어머님, 저를 사랑하시는 마음으로 무척 비통하게 생각하시겠지마는 온 겨레의 앞날과 민족의 해방을 위하여 기뻐해 주세요.

이미 저의 마음은 거리로 나가 있습니다. 너무도 조급하여 손이 잘 놀려지지 않는군요. 부디 몸 건강히 계세요. 거듭 말씀드리지만 저의 목숨은 이미 바치려고 결심했습니다. 시간이 없는 관계상 이미 그치겠습니다.

편지에서 진영숙은 자신이 죽을 수도 있다는 걸 잘 알고 있었습니다. 그러면서 자신이 설령 죽는다 하더라도 그건 '국가와 민족을 위하는 길'이라는 믿음과 신념을 분명히 밝혀 두었습니다. 앞서 희생당한 학생들의 뒤를 따르는 길, 그게 자신에게 주어진 사명이라고 생각했을 수도 있겠습니다. 아버지가 일찍 돌아가신 상태에서 자신과 언니 오빠들을 힘겹게 키워 주신 어머니를 생각하면 죄송한 마음도 들었지만, 민주주의의 회복과 조국의 앞날에 대한 생각이 그런 걱정을 밀어냈습니다.

경무대 앞에서 총격이 시작된 이후 시내 중심가는 경찰들이 장악하기 시작했고, 밀려난 시위대는 외곽으로 가서 계속 격렬한 시위를 이어 갔습니다. 돈암동 쪽에 살고 있던 진영숙과 친구들은 어디로 가야 할지 몰라 망설였습니다. 경찰이 쏜 총에 이미 많은 청년이 죽었다는 얘기가

4·19혁명에 참여하여 부정선거 관련자 처벌을 요구하는 여학생들

들려왔고, 시내 안쪽은 위험하니 그쪽으로는 가지 말라는 말도 들었습니다. 하지만 곧 미아리 쪽으로 향하는 시위대를 만날 수 있었고, 그들과 함께 구호를 외칠 수 있었습니다. 시위대에는 어른들도 있었지만 학생과 청년들이 다수를 차지하고 있었습니다. 진영숙처럼 교복을 입고 나온 어린 학생들도 많았고, 시위대의 함성을 듣자 마음 한편에 있던 두려움도 일시에 사라졌습니다.

"부정선거는 무효다. 재선거를 실시하라!"

"부정선거 책임지고 이승만은 하야하라!"

"경찰은 더 이상 총을 쏘지 마라!"

시위 대열을 따라가며 구호를 외치던 진영숙 쪽으로 시위대가 모는 버스 한 대가 다가오더니 잠시 멈췄습니다.

"시내로 진출할 사람들은 이 버스를 타고 갑시다."

버스 안에는 이미 많은 시위대가 타고 있었습니다. 진영숙은 망설이지 않고 버스에 올라탔습니다. 버스에 탄 사람들은 저마다 창문을 열고 밖으로 고개를 내민 채 구호를 외쳤습니다. 진영숙도 그들처럼 창밖으로 상체를 내밀고 주먹을 뻗었습니다. "김주열을 살려내라! 이승만은 물러나라!" 구호를 외치던 진영숙을 향해 난데없이 총알 하나가 날아왔습니다. 건너편 파출소에서 경찰이 쏜 총탄이었습니다. 진영숙은 그 자리에서 피를 흘리며 쓰러졌고, 바로 병원으로 옮겨졌습니다.

4·19혁명의 주역을 담당한 청소년들

저녁 늦게 진영숙의 친구들로부터 소식을 들은 어머니는 딸이 있다는 수도의대부속병원으로 달려갔습니다. 수도의대부속병원은 지금의 고려대병원입니다. 미아리에서 가까운 병원으로 옮긴 겁니다. 하지만 어머니가 도착했을 때 진영숙은 이미 숨을 거둔 뒤였습니다. 어머니 앞으로 써놓고 나온 편지가 정말로 유서가 된 건데요. 그렇게 진영숙은 중학교 2학년의 나이에 사랑하는 어머니 곁을 떠나 조국의 민주주의를 위한 제물이 되고 말았습니다. 진영숙의 어머니는 그날 아침 딸이 학교 가기 전에 자기도 데모하러 가고 싶다던 말을 떠올렸습니다. 그때 몸조심하라는 말만 하고 더 강하게 말리지 못한 게 한으로 맺혔습니다. 더구나 늦게 얻은 막내딸이었으니 얼마나 가슴이 무너지는 것 같았을까요?

　진영숙이 사망하고 난 얼마 뒤에 어머니에게 남긴 마지막 편지 겸 유서가 신문에 그대로 공개되었습니다. 4·19혁명 때 희생당한 사람들 중 유서를 남긴 건 진영숙이 유일합니다. 진영숙의 유서를 접한 사람들은 더욱 안타까움을 느껴야 했습니다. 진영숙이 사망하기 직전의 모습을 다룬 신문기사 하나를 볼까요?

> 방문을 나서려던 진영숙은 갑자기 생각난 듯 교복 깃에 달린 학교 배지를 뽑아 학생증과 함께 재봉틀 서랍에 넣고는 하루 전에 갈아붙여 아직 때가 타지도 않은 교복 칼라를 떼어냈다. 진영숙은 풀이 빳빳한 새 칼라로 교복 깃을 하얗게 바꿔 달고 집을 나섰다.
>
> – 동아일보, 1975. 6. 2.

　교복 칼라를 새것으로 바꿔 달고 나간 진영숙의 마음에서 숭고함이 느껴지지 않나요? 그런 마음이 있었기에 죽음을 무릅쓰고 거리로 나갈 수 있었을 겁니다.

　대학생들에 이어 교수들까지 거리로 나와 시위를 하자 이승만 대통령은 결국 하야 성명을 발표한 뒤 하와이로 망명을 떠납니다. 마침내 민주주의의 승리를 이루어낸 건데요. 한국전쟁 직후에 서양의 기자가 한국에서 민주주의가 이루어지길 바라는 건 쓰레기장에서 장미꽃이 피기를 기다리는 것이나 마찬가지라는 말을 한 적이 있습니다. 하지만 그 말을 비웃기라도 하듯 우리 시민들은 위대한 혁명을 통해 독재자를 몰아내고 민주주의의 꽃을 활짝 피웠습니다. 민주주의는 피를 먹고 자란다는 말이 있는 것처럼 비록 수많은 젊은이의 고귀한 피를 바탕으로 삼긴 했지만요. 그런 용기 있는 젊은이들 속에는 진영숙과 같은 중학생들, 전한승과 같은 초등학생들도 있었다는 걸 잊으면 안 되겠습니다.

1962년 2월, 진영숙은 자신이 다니던 한성여중 졸업식장에서 명예 졸업장을 받았습니다. 친구들의 눈물 속에 어머니가 대신 나와서 졸업장을 받았는데요. 소감을 묻는 기자들의 질문에 "너무 가슴이 아파서 아무 말도 못 하겠다"라고 했습니다.

이어서 그해 4월에, 4·19혁명 당시 사망한 희생자 186명에 대해 정부가 건국포장을 수여했는데 일반인을 제외한 학생들의 수훈자 숫자를 보면 초등학생 6명, 중학생 28명, 고등학생 31명, 대학생 24명이었습니다. 대학생보다 중고생 희생자가 훨씬 많다는 게 눈에 띄네요. 이런 숫자만 보더라도 4·19혁명의 주역은 십 대 청소년들이었음을 알 수 있습니다.

일제의 식민지 지배에 항거하며 일어난 3·1만세운동을 이끌다 옥중에서 숨진 유관순은 알아도 4·19혁명 때 유서를 써놓고 목숨을 바친 진영숙이 있다는 사실을 아는 사람은 많지 않습니다. 진영숙도 어릴 적부터 유관순 언니 이야기를 듣고 자라며 언니가 보여준 위대한 정신을 본받고 싶었을 겁니다. 그리고 실제로 유관순 언니처럼 자신의 몸을 민주주의의 제단에 바쳤습니다. 기회가 되어 국립 4·19민주묘지에 가게 되면 꼭 진영숙 학생의 묘비를 찾아볼 것을 권합니다. 그런 다음 묘역 안에 있는 4·19혁명기념관에 들러 거기 전시되어 있는 진영숙의 유서도 읽어 보면 좋겠습니다.

그레타 툰베리(2003년~)

스웨덴의 사회운동가. 2008년 8월 스웨덴 국회 앞에서 기후 위기에 대한 대책 마련을 촉구하는 1인 시위. 세계적인 기후 운동인 '미래를 위한 금요일' 운동으로 이어짐. 2019년 UN 기후행동 정상회의에 참석하여 기후 위기에 대한 실질적인 행동 촉구. 2019년 국제앰네스티 바른생활상 수상. 〈타임〉의 '2019년 올해의 인물' 선정.

조슈아 웡(1996년~)

홍콩의 학생운동가. 2011년 학생운동 조직인 '학민사조' 결성. 2014년 행정장관 직선제를 요구하는 우산 혁명 주도. 2016년 민주적인 정당 '데모시스토'를 설립하여 비서장 취임. 2019년 송환법 반대 시위 주도. 〈타임〉의 '2014년 올해의 인물' 선정. 〈포춘〉의 '2015년 세계의 최고의 지도자' 선정.

말랄라 유사프자이(1997년~)

파키스탄의 여성운동가. 아버지와 함께 여학생의 등교를 금지하는 극단주의 이슬람 세력인 탈레반의 방침에 저항하는 운동 시작. 2012년 등굣길 버스 안에서 총상을 입고 중태에 빠졌으나 회복. 2014년 아동 착취에 대한 저항과 여성의 교육권 회복에 기여한 공로로 최연소의 나이로 노벨평화상 수상.

김금원(1817년~미상)

원주 출생. 1830년 14살 때 꿈에 그리던 금강산을 남장을 하고 혼자서 여행함. 기생으로 생활하다 김덕희의 소실로 들어가 남편을 따라 전국의 부임지를 돌아다님. 그 경험을 바탕으로 1851년 〈호동서락기〉라는 기행문 완성. 서울 용산에 살 때 '삼호정시사'라는 여성 문인들만의 모임을 결성하여 활동함.

매티 스테파넥(1990~2004년)

미국의 시인이자 평화운동가. '근육성 이영양증'이라는 불치병을 안고 태어남. 10살 때 병세가 악화되어 병원에 입원했을 때 자원봉사자의 도움을 받아 시집『마음의 노래』출간. 입소문을 타고 시집이 수십만 부 판매됨. 이후 카터 전 대통령과 교류하면서 평화운동 전개. 14살의 어린 나이로 생을 마감함.

이크발 마시흐(1983~1995년)

파키스탄의 아동인권운동가. 빈민촌에서 태어나 아버지의 빚을 갚기 위해 네 살 때 카펫 공장에 팔려가 일을 함. 여러 차례의 시도 끝에 9살에 공장 탈출에 성공함. 이후 노예노동해방전선의 에샨 칸과 함께 아동을 노예노동에서 해방시키기 위한 운동 전개. 고향을 방문한 12살 때 괴한의 충격으로 사망. 2000년 세계 어린이상 수상.

크레이그 킬버거(1982년~)

캐나다의 아동인권운동가. 이크발의 충격 사망 소식을 접하고 친구들과 함께 'Free The Children(어린이에게 자유를!) 결성. 방글라데시, 인도와 같은 남아시아를 방문하여 아동노동의 참혹한 현실을 직접 확인함. 2006년 세계 어린이상 수상. 이후 단체의 이름을 'We Charity'로 바꾸어 활동을 이어가고 있음.

켈빈 도우(1996년~)

시에라리온의 발명가. 어린 시절부터 쓰레기장의 재활용품을 발명에 활용하는 재능을 보임. 14살에 전파 전송장치를 개발하여 개인 라디오 방송국을 만들고 프로그램 진행자로 활동. 미국의 MIT 공과대학의 초청을 받아 객원 연구원 역임. 귀국 후 'K-Doe Tech'라는 회사를 설립하여 전기 배터리 개발 사업 진행.

팔리스 칼레(1981년~)

콜롬비아의 어린이 평화운동가. 50년 이상 내전으로 시달린 콜롬비아에서 UN에서 파견한 그라사 마셸의 도움을 받아 '기억을 위한 주간' 행사 진행. 1996년 '콜롬비아 어린이 평화운동'을 조직하고 '어린이의 명령' 투표 운동 전개. 이 운동은 1997년 '시민의 명령' 운동으로 이어져 내전을 종식시키는 계기가 됨.

진영숙(1946~1960년)

한국의 4·19 민주열사. 한성여중 2학년이던 15살에 이승만의 부정선거에 항거한 3·15의거 때 마산에서 사망한 김주열의 기사를 보고 충격을 받음. 4월 19일, 어머니에게 유서를 남기고 시위 참여. 시내로 향하던 시위대 버스 안에서 경찰이 쏜 총탄에 사망. 1962년 한성여중 명예 졸업장을 받음. 정부가 수여하는 건국포장 수상.

위대하고 ┊아름다운┊십 대 이야기

1판 1쇄 찍은날 2020년 8월 28일
1판 2쇄 펴낸날 2021년 6월 10일

글 | 박일환
펴낸이 | 정종호
펴낸곳 | 청어람e

편집 | 박세희
디자인 | 이원우
마케팅 | 황효선
제작·관리 | 정수진
인쇄·제본 | (주)에스제이피앤비

등록 | 1998년 12월 8일 제22-1469호
주소 | 03908 서울 마포구 월드컵북로 375, 402호
이메일 | chungaram_e@naver.com
전화 | 02-3143-4006~8
팩스 | 02-3143-4003

ISBN 979-11-5871-140-5 43190

청어람 e)) 는 미래세대와 함께하는 출판과 교육을 전문으로 하는 청어람미디어의 브랜드입니다.
어린이, 청소년 그리고 청년들이 현재를 돌보고 미래를 준비할 수 있도록 즐겁게 기획하고 실천합니다.

이 도서는 한국출판문화산업진흥원의 '2020년 출판콘텐츠 창작 지원 사업'의 일환으로
국민체육진흥기금을 지원받아 제작되었습니다.